Die Schriftenreihe des Waldschlößchens

Seit 1981 hat das Freie Tagungshaus Waldschlößchen bei Göttingen mit dem Verein für soziale und pädagogische Arbeit e.V. ein Programm politischer, kultureller, fremdsprachlicher, körper- und freizeitorientierter Bildung und mit dem Bildungswerk AIDS und Gesellschaft e.V. seit 1985 Fortbildungs- und psychosoziale Angebote zur AIDS-Thematik entwickelt. Bundesweite Bedeutung hat die Bildungsstätte besonders durch die Auseinandersetzung mit dem Problem der Antihomosexualität in unserer Gesellschaft erlangt, die in anderen (Jugend- und Erwachsenen-)Bildungseinrichtungen gar nicht oder nur am Rande – und oft genug auch inhaltlich marginalisiert – geleistet wird.

Einen besonderen Schwerpunkt der Arbeit bilden daher Seminare und Tagungen zum Themenbereich Homosexualität und Gesellschaft und zur Kritik des Patriarchalismus sowie die Förderung von Selbsthilfeeinrichtungen, Arbeitszusammenhängen, Gruppen und Initiativen der Schwulen- und der Männerbewegung.

Zwar hat diese Arbeit in vielen – allerdings verstreut erschienenen – Zeitungsartikeln, Zeitschriftenaufsätzen, Broschüren und auch Buchveröffentlichungen ihren Niederschlag gefunden, doch fehlte bisher eine beim Waldschlößchen angesiedelte Schriftenreihe, die ein Forum bietet für die Dokumentation von Tagungen und Seminaren, die Herausgabe von Materialien zu Veranstaltungen, die Veröffentlichung von Diskussionen, Beiträgen, Readern, Interviews etc. aus den verschiedenen Arbeitsbereichen der Bildungsstätte – bis hin zu Vernetzungs-Serviceleistungen. Auch für Berichte und Beiträge der mit dem Waldschlößchen kooperierenden Gruppen und Arbeitszusammenhänge sind die in unregelmäßiger Folge erscheinenden Bände der Reihe offen.

Der vorliegende Band »Die DDR. Die Schwulen. Der Aufbruch. Versuch einer Bestandsaufnahme«, der ein erstes größeres Treffen von politisch engagierten Schwulen aus der DDR und der Bundesrepublik vom 17. – 19.11.89 – auf dem Höhepunkt der revolutionären Entwicklung in der DDR – dokumentiert, eröffnet die Schriftenreihe des Waldschlößchens.

Jean Jacques Soukup (Hrsg.)

Die DDR.
Die Schwulen.
Der Aufbruch.

Versuch einer Bestandsaufnahme

Mit
Beiträgen von
Olaf Brühl, Günter Grau,
Ulli Klaum, Klaus Laabs, Jürgen
Lemke, Olaf Leser, Lutz Möbius,
Bert Thinius, Kai Werner
und anderen

Schriftenreihe des Waldschlößchens, Band 1

Die Schriftenreihe des Waldschlößchens
wird herausgegeben von
Ulli Klaum, Dr. Rainer Marbach und Jean Jacques Soukup
für den Verein für soziale und pädagogische Arbeit e.V.,
Waldschlößchen, 3407 Gleichen-Reinhausen.

Versand von Einzelexemplaren:
die Schwulen Buchläden;
deren Versandprospekt kann angefordert werden bei:
Prinz Eisenherz, Bleibtreustr. 52, 1000 Berlin 12
Männerschwarm, Neuer Pferdemarkt 32, 2000 Hamburg 6,
Lavendelschwert, Bayardsgasse 3, 5000 Köln 1
Erlkönig, Bebelstr. 25, 7000 Stuttgart
Max & Milian, Schellingstr. 21 A, 8000 München 40.

Redaktionsanschrift: Schriftenreihe des Waldschlößchens,
z.Hd. Soukup, Kolonnenstraße 16/17, 1000 Berlin 62,
Telefon 030/7828489

Band 1, Göttingen, Februar 1990
Dokumentiert wird die Veranstaltung »Schwule in der DDR«, die vom
17. bis 19. November 1989 im Freien Tagungshaus Waldschlößchen unter der Leitung von Ulli Klaum und
Dr. Rainer Marbach stattgefunden hat.

Der Abdruck von Jürgen Lemkes Essay »Die Akustik des
Brückenbogens« erfolgt mit freundlicher Genehmigung des
Rowohlt-Verlags, Reinbek. Er ist dort in leicht abgeänderter Fassung
mit dem Titel »Ausbruch aus dem Ghetto - die Schwulen in der DDR«
in dem im Dezember 1989 erschienenen Buch
»Aufbruch in eine andere DDR« enthalten.
Fußnoten stammen, soweit nicht anders angegeben, vom Herausgeber.
Transskripte: Stefan Haußmann
Gesamtherstellung: atelier niedernjesa
gesetzt in der Times
gedruckt auf Littera Werkdruck

ISSN 0937-4817
ISBN 3-9802426-0-9

Inhalt

Vorwort

»Ich würde von revolutionärer Erneuerung sprechen. Revolutionen gehen von unten aus. Oben und unten wechseln ihre Plätze im Wertesystem. Und dieser Wechsel stellt die sozialistische Gesellschaft vom Kopf auf die Füße. Große soziale Bewegungen kommen in Gang. Soviel wie in diesen Wochen ist in unserem Land noch nie geredet worden. Miteinander geredet worden. Noch nie mit soviel Leidenschaft, soviel Zorn und Trauer. Wir wollen jeden Tag nutzen. Wir schlafen nicht oder wenig. Wir befreunden uns mit Menschen, die wir vorher nicht gekannt haben, und wir zerstreiten uns schmerzhaft mit anderen, die wir zu kennen glaubten.«

Christa Wolf
am 4. November bei der Demo
auf dem Alexanderplatz (Berlin/DDR)

Eine kurze Geschichte: Im Januar 1990 trifft sich eine Gruppe von Schwulen, um über ein Projekt zu reden. Geplant wird ein Schwulenzentrum in Berlin/DDR. Neben einem Café, einer Theaterwerkstatt, einem Kino, einer Bibliothek und einer Diskothek soll dort eine AIDS-Hilfe eingerichtet werden, und es soll Wohnmöglichkeiten für Schwule in Krisensituationen bieten. Nur wenige kommen zum Vorbereitungstreffen, und die Gekommenen vermuten, daß die meisten Schwulen in der DDR nichts mehr aufbauen wollen, was es im Westen bereits gibt. Es wäre das erste schwule Projekt in der DDR, das nicht unter dem Dach der Kirche oder der FDJ realisiert würde, also das erste selbstverwaltete Selbsthilfeprojekt.

Noch eine Geschichte: Im Knaak-Club, einem Jugendclub in Berlin-Prenzlauer Berg ist jeden Dienstag und Mittwoch schwul-lesbische Disko angesagt. Ich höre einem Gespräch von Schwulen aus der DDR über ihre Erlebnisse in Westberlin zu. Von Safer-Sex-Partys, Safer-Sex-Pornos, einer Schwulenkneipe mit Fickkeller und einem Infoladen für Schwule ist die Rede. Und zwar weitgehend kritiklos.

Eine dritte Geschichte: Ein schwuler Mann aus der DDR hat mit Schwulen in Westberlin Sex gehabt. Als er feststellt, daß er Krätze hat und damit in die Charité geht, wird ihm angeraten, den HIV-Test zu machen. Er möchte nicht, daß er dort im Falle eines Positiv-Ergebnisses bekannt wird und spricht deshalb mit einem Freund darüber. Der rät ihm, den Test im Westen zu machen, kommt aber nicht auf die Idee, vom Test abzuraten (siehe dazu auch das Memorandum der Gründer der AIDS-Hilfe DDR im Anhang).

Eine letzte Geschichte: Ende 1989, in den Tagen der großen Demos in der DDR, läuft der Film Coming out an. Mit vielen Kopien in allen Städten der DDR. Wie der Titel sagt, geht es um die Coming-out-Geschichte eines jungen Lehrers und die Tage, da er sich von der Vorstellung löst, heterosexuell zu sein. Der Film wirkt so, als wäre die Grundlage des Drehbuchs eine soziologische Untersuchung gewesen. Das hat etwas Angenehmes, haben doch Filme im Westen selten etwas mit dem Alltag der Zuschauer zu tun (weil sich das nicht verkauft). Aber es ist auch bemüht gutgemeint und sozio-technokratisch konstruiert. Der Film endet dort, wo ein zweiter wichtiger Film anfangen müßte: genau in dem Moment, wo der Lehrer ein schwules Leben beginnt.

Süchtig habe ich am 4. November vorm Fernseher gesessen und mir die Direktübertragung der Demo im DDR-Fernsehen angesehen. Aufgeputscht durch die Glücksversprechen, von denen ich zugleich wußte, daß sie nicht mich meinten. Mich, der ich im Westen lebe. Und nur einmal schien auch ich gemeint, als Stefan Heym vom Sozialismus auch in der BRD sprach (»Nicht der stalinsche, der richtige«). Damals dachte ich, daß etwas Vergleichbares im Westen nicht möglich ist. Dazu gibt es hier zu viele Subkulturen, zu viele »private Kirchen«, Tausende von Lebensweisen. Der dagegen homogene Alltag der DDR-Bürger macht – so absurd das ist – den Aufbruch erst möglich.

Von Schwulen in der DDR wußte ich bis dahin nur das, was ich in Rainer Werners Buch »Homosexualität«, 1987 in der DDR erschienen, gelesen hatte: Schwule seien zu akzeptieren, hätten aber auch wie Heteros paarweise und familienähnlich zusammenzuleben. Kritik an Familie und Männergesellschaft, dachte ich, findet also in der DDR nicht statt. Zugleich hoffte ich, Schwule aus der DDR gingen kritischer an die Angebote im Westen heran.

Und weil historische Prozesse Täuschungen mitproduzieren können, vor allem bei denen, die sich in ihnen engagieren, bleibt es fraglich, ob der oder die einzelne in der DDR mehr Gestaltungsmacht haben wird. Mich interessiert, ob, wie es Bert Thinius formuliert, vielleicht doch Strukturen entstehen, die beweglich bleiben. Schon jetzt interessiert sich kaum jemand mehr für diejenigen, die die Erneuerung angestiftet haben. Die Entscheidungen werden schon wieder von ganz anderen gefällt.

Das, was Christa Wolf in ihrer Rede am 4. November darstellte, findet eine Entsprechung in dem, was einer der Autoren dieses Buches so formuliert: »Vor ein paar Jahren habe ich die Schwulen kritisiert, die sich unter dem Dach der Kirche organisierten. Das war damals einfacher als dem Staat etwas abzutrotzen. Die ersten FDJ-Schwulenclubs haben wir als Erfolg gefeiert. Heute sieht das plötzlich anders aus: die Veranstaltungsprogramme der kirchlichen Gruppen sind weitaus politischer als die der staatlichen.« (siehe dazu die Veranstaltungsprogramme aus Leipzig, Dresden und Berlin/DDR). Vermutlich wird sich auch das noch ändern, verschreibt sich doch auch die DDR-Schwulenbewegung neuerdings der Autonomie.

Schwule verständigen sich selbst – in diesem Buch in zweierlei Weise: Die Situation beim Treffen vom 17.-19. November machte den engagierten Schwulen aus der DDR eine erste Selbstverständigung über ihre Aktivitäten vor dem Aufbruch möglich. Die Teilnehmer aus der Bundesrepublik – meist stille oder fragende Zuhörer – fungierten dabei als Medium. Die nachfolgenden Essays und bearbeiteten Gesprächsabschriften werden in der Folge wiedergegeben, wie sie beim Treffen entstanden sind beziehungsweise gelesen wurden.

Selbstverständigung fand aber im Ansatz auch zwischen Schwulen statt, deren Biographien eng verknüpft sind mit dem jeweiligen Staat, in dem sie leben. Deutlich wird dieser unterschiedliche Erfahrungshintergrund auch bei den Interviews, die Ulli Klaum vor Beginn des Treffens mit einigen Referenten aus der DDR führte. Im Verlauf der Gespräche werden zwei Forderungskataloge häufig angesprochen, die auch als Dokumentation gegen Ende des Bandes zu finden sind. Sie ähneln den Forderungskatalogen in der BRD durchaus, was mich ja erschreckt, kann ich doch wenig mit ihnen anfangen.

Jean Jacques Soukup – im Januar 1990

P.S.: »Erstick an deinem Stollen«, sagte Sven, ein schwuler Mann aus Frankfurt/Oder, als ich nach einer Reise zur Tür reinkomme und auf seine Nachfrage erkläre, daß ich den Stollen aus der DDR (den er in der DDR nicht bekommt) für Westgeld im Intershop gekauft habe. Seitdem mag ich Dresdner Stollen nicht mehr, aber Sven.

Jürgen Lemke

Die Akustik des Brückenbogens

Eine rosa-rote Vision

Welch ein dramatisches Coming out! Landesweit. Zwischen Rügen und Suhl, Frankfurt/Oder und Magdeburg kommen wir heraus aus unseren Nischen, ohne Aufforderung, versammeln uns auf Straßen und Plätzen und sprechen aus, was wir denken. Laut und vernehmbar – es ist nicht zu fassen. Wo ist die Angst?

Auf unseren Transparenten Variationen auf die einfache Wahrheit: Wir sind das Volk.

Ungläubig schauen wir uns an. Wahnsinn, es ist Wahnsinn! Es gibt keinen ordentlichen deutschen Satz mit Subjekt, Prädikat und Objekt für die überschwengliche Situation auf dem Kudamm in der Nacht der Öffnung der Mauer. Im Zentrum der Glückseligkeit ist Sprachlosigkeit. Ich habe hemmungslos geschluchzt, wieder und wieder, in theatralischen Schüben.

In diesen vier Wochen haben wir den Machtapparat des Staates, seinen verlängerten Arm, zum ersten Male lächeln sehen, da und dort verlegen danke sagen hören für den Strauß Herbstblumen und den Gorbatschow-Sticker, der ihm auf die uniformierte Brust geheftet wurde. Und er hat die Zähne auseinander bekommen, auch zum ersten Male, für eine halbherzige Entschuldigung wegen erwiesenen Machtmißbrauchs anläßlich der Jubelfeiern zum 40. Geburtstag seiner Existenz. Mehr nicht. Das Volk hat den Fuß in der Tür, entschlossen, das zweite Bein nachzuziehen. Gewechselt ist das Schild an der Tür, fix neu beschriftet, da steht nun, fein säuberlich, in großen Buchstaben: WENDE.

Ich stutze. Die Handschrift kenne ich. Seit vielen Jahren schon. Die Unterschrift auf der Jugendweiheurkunde, auf dem Einberufungsbefehl, der Wohnungszuweisung, die Sprache im Antwortschreiben auf meine Eingabe an den Staatsrat. Unverkennbar.

Da verabschiedet 1988 die oberste Volksvertretung der Republik, die Volkskammer, ein Gesetz, das die juristische Kriminalisierung der Schwulen aufhebt. Bravo, welche Freude unter den »Betroffenen«. Zur gleichen Zeit verbietet der Freund und Helfer der Werktätigen, die Polizei, den Lesben und Schwulen eines kirchlichen Arbeitskreises, eine Mondscheinfahrt mit der »Weißen Flotte« auf der Saale. Die Genehmigung für die schriftlich beantragte Disko in einer öffentlichen Gaststätte wird mit der Begründung verweigert: »Kein gesellschaftlicher Bedarf für derlei Veranstaltungen«. Der leise Hinweis des Antragstellers, er weiß von solchen Veranstaltungen in Berlin, der Hauptstadt der DDR, wird abgeschmettert: »Halle ist nicht Berlin. Ein Glück auch!«

Eingaben führen zu einer Aussprache. Anwesend ist auch ein Herr in Zivil, der es nicht für nötig hält, sich vorzustellen. Die Arroganz der Mächtigen, der selbsternannten Mehrheiten. Frage: Wo liegen die Originale, wo die Kopien der »rosa Listen«?

Ein Einzelfall, Behördenwillkür, ein Schwulenhasser? Nein. Symptom für einen Herrschaftsapparat, der über seine Handlanger verkünden läßt, was für uns Werktätige gut ist, was schlecht ist, wonach »gesellschaftlicher Bedarf« zu sein hat, wonach nicht. Basta.

Was wollt ihr denn, der nächste Antrag wird doch genehmigt. Tanzvergnügen? Karnickelzüchterverein? Klubhaus Freundschaft? – Kann stattfinden. Klatsch macht der Stempel.

Schnee von gestern?

Seit vierzehn Tagen stehen den Lesben und Schwulen auch die Wasserstraßen der Republik für Gruppenfahrten zur Verfügung. Sollen sie nur schippern mit der »Weißen Flotte«, die Hauptsache: sie schippern hier und nicht auf Mosel und Rhein. Unsere Beamten stellen sich auf die Bedürfnisse des Volkes ein, auch auf die der Lesben und Schwulen an der Saale hellem Strande. Sie wenden uns ihr Gesicht zu und werden uns von nun an nur besser im Auge behalten. Dampferfahrten sind zwar noch zu genehmigen, von den gleichen Beamten, aber auf völlig unbürokratische Weise.

Was für sozialistische Brigaden, Sport- und Gesangsvereine seit längerem galt, sozusagen ein verbrieftes Recht war, zu den schönen Selbstverständlichkeiten in diesem Land zählte, gilt nun auch für diese Minderheit. Keine herzlosen, die Schwulen und Lesben von oben herab behandelnden Beamten regulieren den Bedarf der gleichgeschlechtlich veranlagten Werktätigen nach kollektiven Mondscheinfahrten, sondern schlicht und einfach Angebot und Nachfrage, Wasserstände und Tauchtiefen. Übrigens: die liegen weit unter normal in diesem Herbst 1989. Ein gesamtdeutsches Defizit.

In Berlin glühten die Telefonleitungen, die dienstlichen und die privaten, in den Tagen vor dem 4. November. Was schreiben wir auf unsere Transparente, was fordern? Wir einigten uns auf die übergreifenden Forderungen, dem Atem der Ereignisse entsprechende. Freie Wahlen, eine freie Presse. Kein kleinkariertes Diskriminierungsgezeter. Ich stimmte ein in die Sprechchöre »Wir sind das Volk« und skandierte unter der S-Bahnbrücke am Alex »Stasi in die Produktion«, ohne nach hinten zu schauen, dankbar für die Akustik des Brückenbogens.

In seiner Oktoberausgabe berichtet das Hamburger Nachrichtenmagazin »Der Spiegel« über eine der gewaltigen Montagsdemonstrationen in Leipzig. Zitiert wird der Volksmund, der für die im Zentrum von Leipzig und um die Nikolaikirche herum in Zweiergruppen laufenden Stasi-Leute eine spöttische Wortschöpfung kreiert hat: Schwulenparade. Zugegeben, das sitzt, klingt, ist spritzig, hat Witz – zunächst. Schließlich soll man nicht alles auf die Goldwaage legen, die Schwulen sind ja für ihre Empfindlichkeit bekannt.

Ich lese es noch einmal und bin entsetzt. Völkisch, der Klang. Eine Wortschöpfung, eine neue Kombination mit dem Wort »schwul«, geschaffen nach der altbewährten Methode. Der Gegner wird zum Homo erklärt, tiefer geht es nicht mehr. Damals haben Kommunisten und Nazis einer dem anderen den Homo übergezogen. Der Gipfel der Verachtung, immer noch, und das Schlimmste: der Beschimpfte fühlte sich stets getroffen, mitten in seiner mächtigen Männlichkeit. Lügner, Betrüger, Verräter, die üblichen Schimpfworte tun's nicht mehr, sind inflationiert, treffen kaum. Das Stigma »schwul« greift wie eh und je, in allen Männergesellschaften. Also weltweit.

Hier finden sie ihn, unser Volk, unsere Beamten: ihren homophoben Konsens. Auch wie eh und je. Der homophobe Filz, auf dem sie bequem und selbstgefällig herumlatschen.

Der gordische Knoten. Zerhauen wir ihn. Schaffen wir mit den progressiven Kräften unseres Landes parlamentarische Kanäle, nutzen wir die Straße, drängen wir mit lesbischen Morgensternen und schwulen Lanzen in die elektronischen Medien. Nehmen wir uns, was uns zusteht, im abendländisch geprägten Europa, genauer, im 2. deutschen Staat, kurz vor dem Ende des 20. Jahrhunderts.

Es geht nicht um Abfall, es geht um Rechte. Um Menschenrechte.

1. Wir wählen im kommenden Frühjahr die Partei, die in ihrem Parteiprogramm schwule und lesbische Forderungen aufnimmt.

2. Kandidieren wir in den Parteien, denen wir angehören, als offen schwule/lesbische Kandidat/inn/en!

3. Wir fordern umgehend die Erarbeitung eines Antidiskriminierungsgesetzes unter Einbeziehung der in der DDR tätigen Lesben- und Schwulenorganisationen.

4. Wir fordern umgehend die Anerkennung der in den Nazi-KZs als Rosa-Winkel-Träger Inhaftierten als Verfolgte des Naziregimes. Finanzielle Entschädigungen sind rückwirkend zu leisten. Das Schicksal der verfolgten Lesben und Schwulen ist in die Geschichtsbücher aufzunehmen.

5. RechtsanwältInnen, JournalistInnen und SchriftstellerInnen ist umgehend Einsicht in die Prozeßunterlagen zu gewähren, wo eine Verurteilung wegen § 175 vorliegt.

6. Wir beantragen eine eigene Monatszeitschrift.

7. Wir fordern, daß eine aus Lesben und Schwulen zu bildende Kommission Untersuchungen im Strafvollzug der DDR und in den bewaffneten Organen durchführen kann.

9. Die DDR muß ihre Bereitschaft erklären, verfolgten Lesben und Schwulen in Rumänien, Cuba und der UdSSR als Asylland zur Verfügung zu stehen.

10. Eine verantwortliche staatlich geführte AIDS-Politik darf nicht weiterhin an den gruppenspezifischen Problemen von Lesben und Schwulen vorbei gestaltet werden.

Die Sprecherin der *Aktuellen Kamera* vom 14.11.89 verkündet in den 17-Uhr-Nachrichten mit belegter Stimme die wachsende Besorgnis führender Persönlichkeiten des öffentlichen Lebens, daß mit zunehmender Freizügigkeit für DDR-Bürger Dinge in unser Land eingeschleppt werden könnten, die diese Persönlichkeiten mit größter Besorgnis ausfüllen. Spekulation, Wucher in ungeahnten Dimensionen und ... AIDS. Das spricht sich flüssig hintereinander weg. Bildschirmfüllend der Zeigefinger der Persönlichkeiten: Mit Mauer wär' das nicht passiert!

Da warnt Professor Sönnichsen[1] im »Neuen Deutschland« vom 17.11.89 unsere jungen Bürger (sinngemäß): die Infizierten und Drogenabhängigen der westlichen Welt werden sich auf euch stürzen wie die Heuschrecken auf junge, saftige Triebe.

Beschwörend ringt er die Hände: kein erstes Mal! Weder mit Leuna- noch mit BASF-Gummi. Überall lauert der Tod. Auch desinfizierte Spritzen führen zu ihm.

In einem Jahr höre ich ihn sagen: Ich hab's doch gewußt, wer nicht (auf mich) hören will, der muß eben fühlen. Man kann es wenden, wie man will, ein bewährter Abgrenzungsstratege kann nicht ad hoc die Menschen zu einem sinnvollen, zwischenmenschlichen Umgang führen. Abgrenzung hat eine unheimlich einleuchtende Logik.

Nur nachdenken darf man nicht.

Die Tuberkulose wütete am durchschlagendsten in den Mietskasernen der Proleten und in den Elendsvierteln der großen Städte. Eine Arme-Leute-Krankheit, ein schwer zu stoppender Bazillus, der am leichtesten Zugang fand in Körper, die in engen, feuchten, lichtlosen Wohnungen zusammengepfercht lebten.

Damals ein Grund für die Unterprivilegierten, auf die Barrikaden zu gehen und Revolutionen zu machen.

Unter vier Augen – da bin ich mir sicher – wird AIDS auch bei den sogenannten Experten als die Schwulenkrankheit gehandelt. Mit einem Blick auf die Statistiken: da steht es doch!

Uns machen die Umstände krank.

Unsere feuchte Wohnung ist die homophobe Gesellschaft, die angesichts unseres weltweiten Elends demagogisch kommentiert: Ist doch kein Wunder, bei diesem Lebenswandel.

Gehen wir auf die Barrikaden.

Tun wir es nicht, werden sie uns in diesem künftigen gesamteuropäischen Haus zwei Kellerräume zur Verfügung stellen. Einigermaßen vorgerichtet.

[1] Prof. Dr. Niels Sönnichsen ist Vorsitzender der AIDS-Beratergruppe beim Minister für Gesundheitswesen der DDR. Zu Sönnichsen s. auch GÜNTER GRAU, RAINER HERRN: »Memorandum« in diesem Band, S. 147.

Von der Segelfreiheit der Schwulen
1. Gesprächsrunde

KLAUS LAABS: Mein Problem mit diesen zehn Forderungen ist (ich hatte irgendwann mal elf aufgestellt, daraufhin haben sie mich aus der Partei ausgeschlossen): wie setzt man die um? Bei der Forderung: »Wir wählen die Partei, die ...« – da kann man ja noch was machen, durch Propaganda und so; aber »Wir kandidieren für die Partei, welche unsere Interessen vertritt«: das ist ein Punkt, an dem wir bei denen in der DDR, die schwule oder lesbische Arbeit leisten, nicht weiterkommen. Ich hoffe, daß wir hier einen Anstoß bekommen können. Das ist bei uns so: alle Welt meldet Forderungen an; es darf auch jeder alles fordern. Die DDR ist im Moment ein einziges großes Herumpalavern. Aber wie macht man daraus reale Politik, knallharte Politik? Das ist für mich nicht ganz klar.

Ich selber habe auch in den Oktober- und Novembertagen versucht, etwas anzuregen. Gerade dadurch, daß ich keiner dieser Gruppen angehöre, hatte ich gedacht, womöglich ein paar Brücken schlagen zu können, und hab' immer noch das Gefühl, daß die Gruppen hauptsächlich beschäftigt sind, untereinander ihre Probleme auszutragen.

Und was diese Demonstrationen betrifft, die vom 4.11. und auch in den letzten Tagen: Ich hab' beim 4.11. eine Losung getragen, die überhaupt nichts mit schwulen Forderungen zu tun hatte, sondern versuchte, allgemeine politische Forderungen zu artikulieren (ich hab' was zur Stalinismusbewältigung getragen). Und andererseits habe ich es sehr vermißt: da hätte etwas kommen müssen von Schwulen, auch für Schwule, denn bei dieser Riesendemo in Berlin wurden ja auch die verrücktesten Forderungen und partikularsten

Interessen angemeldet. Und daß dann die Schwulen überhaupt nicht präsent waren, halte ich für einen Mangel, weil – und das ist meine einzige Korrektur: Jürgen sprach davon, daß seit 1988 die juristische Diskriminierung abgeschafft sei; das müßte doch korrekt heißen: die juristische Kriminalisierung. Die Diskriminierung ist auch juristisch noch verankert durch eine ganze Reihe von Gesetzen usw. auf verschiedenen Rechtsgebieten, sei es Adoptionsrecht, sei es Erbrecht und so weiter.

BERT THINIUS: Der stalinistische Sozialismus hatte in bestimmter Weise auch seine makabren Vorteile: die Durchsetzung bestimmter vernünftiger Forderungen, sofern man aufgeklärte Mächtige traf. Die Abschaffung des § 151 wäre unter den jetzigen Bedingungen kaum so einfach zu bewerkstelligen gewesen, wenn sie breit in der Bevölkerung mit der gegenwärtigen Bedürfnis- und Haltungsstruktur diskutiert worden wäre. Und ein paar Änderungen im Strafgesetzbuch und in der Verfassung wären unter den ehemaligen Bedingungen wahrscheinlich auch noch drin gewesen. Die sind jetzt ganz bestimmt auch möglich, aber das ist genau die Frage, wie wir das in gesamtgesellschaftlichen Dimensionen konsensfähig organisieren. Obwohl das ganze Strafgesetzbuch überarbeitet werden wird, wär' die Frage, ob so eine aufwendige Kommission nötig ist, um ein Antidiskriminierungsgesetz zu entwerfen. Wahrscheinlich sollte man für einen neuen Rechtsstaat auch nicht allzu viele und differenziert ins einzelne gehende Strafgesetze machen, sondern vielmehr auf positive Weise eine Rechtssicherheit und eine Verteidigungsfähigkeit jedes Bürgers schaffen. Wenn man diesen bestehenden § 140 ändern würde, der zur Zeit so heißt:
»Wer einen Menschen wegen seiner Zugehörigkeit zu einem anderen Volk, einer anderen Nation oder Rasse beleidigt oder verleumdet, wird mit Freiheitsstrafe bis zu zwei Jahren, Verurteilung auf Bewährung, Geldstrafe oder mit öffentlichem Tadel bestraft«; wenn man das durch »sexuelle Orientierung« ergänzen würde, wäre für ein Strafgesetz für meine Begriffe erst einmal genug geleistet. Ich glaube, das steht auch in diesem Forderungskatalog aus Karl-Marx-Stadt[1] – es geht nicht nur um das Strafgesetz, sondern um die Verfassung. Jetzt müßte im Artikel 20 (oder vielleicht kriegt der in der neuen Fassung eine andere Nummer) auch die Gleichheit der sexuellen Orientierungen festgelegt werden. Sonst fällt mir als Ergänzung zu deinen Forderungen höchstens noch die nach völliger sozialer Gleichstellung verschiedener Lebensformen oder Lebensgemeinschaften ein. Das halte ich für eine

sehr wichtige Sache, die auch Subjektivität von Anderslebenden sichern könnte.
Zur Frage nach dem Zeitpunkt und der Art und Weise, schwule Forderungen zu stellen in der öffentlichen Auseinandersetzung bei uns: am 4. November, an diesem Sonnabend, als die große Demo in Berlin war, habe ich mich absolut unfähig gefühlt, da irgendwelche schwulen Forderungen zu stellen. Partikulare Forderungen, die ich bei anderen gelesen habe, waren mir irgendwie auch suspekt. Am suspektesten war mir das eine Plakat, das von Seglern verfaßt wurde, die Segelfreiheit auf der Ostsee forderten. Die haben sie ja nun gekriegt. So kann man Leute schön zufriedenstellen. Ich denke, wir müßten auch ein richtiges Bewußtsein über unsere ganzen Interessen entwickeln, dabei natürlich immer ganz schwul sein, aber uns nie auf dieses Schwulsein reduzieren lassen und uns schon gar nicht selbst reduzieren. Aber das ist ein Thema für nachher.

OLAF BRÜHL: Was Jürgen beschrieben hat, trifft hundertprozentig, ich habe da gar nichts einzuwenden, will nur sagen, daß ich das ganz wunderbar finde. Aber was Klaus gesagt hat, um von der großen sachlichen Ebene aufs Konkrete herunterzukommen: es gab natürlich eine Schwulengruppe, die aufgetreten ist und Transparente tragen wollte. Wenn man sich aber – und das bricht absolut aus in dieser Situation – isoliert und keinen Kontakt untereinander hat ... Man muß sich doch fragen: wo gehe ich jetzt hin, wo habe ich überhaupt die Möglichkeit, etwas auszudrücken oder zu gestalten? Die sind gegangen, das waren vier oder fünf Leute. Die haben 14 Tage vorher schon dazu aufgerufen, gesammelt und gesucht.

XX[2]: In Berlin oder Leipzig?

OLAF BRÜHL: Wir Schwule in der Kirche waren das. Das ist ja egal, wer das ist. Es gibt da andere Gruppierungen, die kaum wagen, da sowas zu machen. Und wenn man keine Kontakte hat, kann man schwer zusammen auf die Straße gehen. Dic waren aber da.

GÜNTER GRAU: Es gibt ein generelles Problem bei der Erneuerungsbewegung oder »Wende« in der DDR, denn die Gruppen, die sich dort politisch artikulieren, sind zunächst einmal eine große »intellektuelle Blase«, so unter anderem auch das Neue Forum. Es ist für mich eine große Gefahr, wenn sich das auf die Schwulenbewegung überträgt. Das war meine spontane Reaktion auf das, was Jürgen gelesen und was Klaus dann kommentiert hat: daß hier Forderungen mit der Formel des »Wir fordern« aufgestellt werden; und wer legitimiert euch, Jürgen und Klaus, von dem »wir« zu sprechen? Was meint denn eigentlich die »schwule Basis« dazu? Der Konsens unter den Gruppen war bisher nicht da, und er ist in dieser schwierigen Zeit auch sehr schwer herstellbar. Aber wenn sich dieser Forderungskatalog nicht als eine politische Plattform formulieren läßt, die von allen getragen wird, dann sehe ich große Schwierigkeiten, daraus praktische Politik zu machen.

JÜRGEN LEMKE: Verstehe ich dich richtig, daß ich also schreiben sollte: »Ich fordere«?

GÜNTER GRAU: Es geht um den Stil, also daß Jürgen Lemke auftritt mit den »Forderungen der Schwulen in der DDR«. Das würde ich mit einem großen Fragezeichen versehen, weil es aufgrund meiner Erfahrung ganz andere Bedürfnisse in den Schwulengruppen gibt. Ich sage nicht legitimere oder bessere – es sind einfach andere. Die Schwulenbewegung der DDR hat sich bisher nicht als eine politische Bewegung begriffen.

OLAF BRÜHL: Das ist ja, was mich so anstinkt.

GÜNTER GRAU: Ja gut, aber das ist ein politischer Fakt, und wir sollten ihn nicht ignorieren.

BERND HEIMBERGER: Hier sind ein paar Vokabeln gefallen: Konsens; jeder kann Forderungen stellen; – und das ist, was mich an Jürgens Text irritiert. Ich denke, darüber ist mehr nachzudenken. Forderungen stellen: ja – aber das Ergebnis soll ja nicht sein, plötzlich die DDR zu einer schwulen Republik zu machen. Es gibt in der DDR ja mehr Menschen, die ein anderes Leben führen als Schwule, und im Sinne des Konsens: es gibt genügend Gruppierungen gesellschaftlicher Art, persönlicher Art, die im ganzen Lande zusammenzufassen sind. Es geht nicht um Sektierertum. Das würde alle Dinge, die man gemeinsam voranbringen will, zum Scheitern verurteilen. Es ist ganz wichtig, den Akzent des Gemeinschaftlichen zu verstärken. Bei Jürgen sieht das sehr nach der Minderheit aus, die ihre Forderungen stellt, und sich auch in der Minderheit beschränkt. Ich möchte einfach, daß die Minderheit zur Mehrheit wird, daß das übergreifend geschieht.

JÜRGEN LEMKE: Daran hab' ich beim Schreiben auch gedacht. Das war ein Grund dafür, auf dieser Demo am 4. November diese übergreifenden Losungen für freie Wahlen und eine freie Presse zu tragen und eben nicht gleich schwule Forderungen zu stellen (wir sind uns auch nicht im klaren, ob das richtig oder falsch war). Es kommt darauf an, mit den progressiven Kräften parlamentarische Kanäle zu schaffen, aber auch selbständig in den Medien aufzutreten. Ich weiß, daß genau das der springende Punkt ist, daß die Leute denken könnten, die Schwulen wollen sich total isolieren. Aber ich weiß nicht, ob das zum Ausdruck kommt. Du sagst nein.

BERND HEIMBERGER: Es sind zehn Punkte, und bei keinem wird der Aspekt der Integration deutlich genug benannt. Das vermisse ich. Das ist aber etwas ganz Wichtiges, wenn es im Gesamtgesellschaftlichen weitergehen soll.

LUTZ MÖBIUS: Günter hat gesagt, daß es keine einheitlichen Forderungen der Schwulengruppen der DDR gibt. Wir haben bei uns[3] einige Leute, die sich spezialisiert haben, die machen die Ideologie, man nennt die immer die »Chefideologen« von *RosaLinde*. Ich habe denen gesagt: »Gebt mir doch mal ein Papier in die Hand, was gibt es für Forderungen der Schwulengruppen der DDR, wie es weitergehen soll oder was wir uns wünschen«, weil ich dieses Karl-Marx-Städter Papier schon bekommen hatte und nun in meiner Naivität dachte, sowas gäbe es auch von den staatlichen Gruppen. Und ich mußte mir sofort an den Kopf werfen lassen: »Ja, was stellst du dir denn vor, wir haben doch keine einheitlichen Forderungen, du weißt wohl nicht, wie kompliziert das ist.«

Insofern finde ich es gut, wenn in Jürgens Text überhaupt Forderungen formuliert sind. Daß jemand anfängt. Es sind seine persönlichen, aber ich könnte mich dahinterstellen – mit der einen Bitte, im Text das Wort »beantragen« nicht mehr zu verwenden. Wir hatten ja Anträge zuhauf, vom Wohnungs- bis zum Ausreiseantrag – es ist sicher nur eine Tonfrage, aber das Wort »beantragen« brauchen wir nicht mehr. Wir können bloß noch fordern und nicht beantragen.

Zum anderen Punkt, wie wir das als Schwule in unsere Organisation oder Partei einbringen: ich bin Mitglied der LDPD[4], und zumindest von meiner Partei weiß ich, daß an neuen Statuten gearbeitet wird. Nun weiß ich natürlich nicht, wie so etwas in die Parteiarbeit einzubringen ist. Ich weiß auch nicht, wie wir das an die Parteileitung herantragen können. Das zu meiner Partei.

Und das politische Auftreten als Schwule und Lesben zu den Demonstrationen, das ist ja nun in Leipzig sehr aktuell. Wir haben am Dienstag noch mal in sehr großer Runde bei *RosaLinde* zusammengesessen; vor zwei Wochen etwa ist die Demonstration in Leipzig dermaßen eskaliert, daß dort niemand mehr – egal ob von der SED oder vom Neuen Forum – zu Wort gekommen ist. Es wurde nur noch geschrien und gepfiffen, und der sogenannte »Dialog« kam dort überhaupt nicht mehr zustande, und das Schlimmste ist, daß dort inzwischen auch rechtsradikale Gruppen sehr offen und sehr massiv in Erscheinung getreten sind.

Schwule und Lesben sowohl von *RosaLinde* als auch vom *Arbeitskreis Homosexualität* sind bei den Demonstrationen von Anfang an dabeigewesen, aber weniger als Lesben und Schwule, sondern als Einzelpersonen. Dazu, was Bert Thinius gestern sagte: daß wir in der aktuellen Zeit vergessen haben, daß wir schwul oder lesbisch sind, oder das nicht auf die Tagesordnung gesetzt haben, sondern uns den politischen Forderungen, die an uns ja nicht vorbeigehen, angeschlossen haben: wir haben uns am Dienstag soweit verständigt, daß wir – vor allem in Anbetracht dieser rechtsgerichteten Kräfte – als Schwule und Lesben von *ESG*[5] und *RosaLinde* gemeinsam einen Block bilden wollen. Wie groß der sein wird, inwieweit sich jeder anschließt, ist dann auch bestimmt eine Mutfrage, weil du mit Skinheads oder Neonazis konfrontiert wirst, ihnen offen gegenüberstehst, allen, die bereit sind, auch mit physischer Gewalt gegen uns vorzugehen. Wir haben also vor, mit unseren Forderungen auf den Plan zu treten.

N.N.[6]: Es ist auch ein Problem fehlender Demokratiefähigkeit. Ich merke das besonders, weil wir noch ein Medienmonopol haben, was Beiträge im Rundfunk oder Fernsehen anbelangt.

Die existierenden Gruppen in der DDR wenden sich an uns und jede Gruppe versucht, die andere hinter ihrem Rücken bei uns schlecht zu machen. Für mich sind auch die staatlichen Gruppen, die sich gegründet haben (wo wir auch versucht haben, Rückenwind zu geben), immer noch innerhalb stalinistischer Strukturen entstanden. Und da muß eine Selbstbesinnung stattfinden. Da ist so eine gewisse Dankbarkeit einem Groß-Gönnerhaften gegenüber, der sowas erlaubt. Das ist tief verwurzelt, und die führenden Leute in den Gruppen sind natürlich auch wieder Überträger dieser Dankbarkeit; die Gruppenmitglieder sind schon dankbar, daß sich überhaupt jemand kümmert. Die Frage demokratisch einklagbarer Rechte wird bisher gar nicht thematisiert, auch ein übergeordnetes Interessengremium nicht.

Wobei ich sagen muß, daß ich wenig Kontakt zu einzelnen Gruppen habe, also nur innerhalb des *Sonntags-Clubs*[7] oder dieser Konkurrenzmannschaft *Courage*[8], die sich vor uns auf übelste Weise versuchen, gegenseitig mieszumachen.

Wir bei *DT 64* können das auch verarbeiten; bei anderen Leuten im herkömmlichen Staatsapparat glaube ich, daß sie da sofort ganz verunsichert werden und sagen: »Damit wollen wir wirklich nichts zu tun haben, eure schmutzige Wäsche wascht mal alleine«. Aber selbst in Gruppenstrukturen innerhalb etwas größerer Klubs oder Gemeinschaften wird gegeneinander ausgespielt. Einzelne wollen sich in den Vordergrund spielen: »Ich bin der Sprecher der Schwulen« oder: »Alle anderen sind doof«. Das kann ich euch bloß so erzählen, da muß es eine Rückmeldung geben. Das ist nicht schön.
Was unheimlich schade ist: daß die FDJ gerade am Zusammenkrachen ist. Da hatten wir uns ein Opfer gesucht, das arglos, groß und mit Finanzen ausgestattet war, und wo man auch an die Führungszentrale einfach rankam und sie beeinflussen konnte. Das ökonomische Potential, das in Jugendklubs vorhanden ist und zunehmend durch die Schwulen- und Lesben-Bewegung mitbenutzt werden könnte, muß man einfach erhalten. Man muß die Strukturen der FDJ retten, wo Jugendklubarbeit möglich ist, weil sie im Moment einfach noch funktionieren. Ich könnte mir vorstellen, daß die Schwulengruppen, die sich in solchen Klubs eingenistet haben, jetzt auch Verantwortung für die Klubs übernehmen. Raus aus egoistischen Forderungskatalogen, Verantwortung übernehmen für gesellschaftliche Strukturen. Und damit auch die Basis schaffen für eine nichtkirchliche Bewegung.
Mir ist Jürgen Lemkes Forderungskatalog zu egoistisch. Für mich müßte da insofern mehr Dialektik rein: Es hat ja bisher, wenn man die jüngste Geschichte betrachtet, keine wirkliche Revolution gegeben, ohne daß die politische und die sexuelle Emanzipation zusammen betrachtet wurden. Das wurde '68 hier im Westen schon mal thematisiert, das war also wichtig, die sexuelle und die politische Befreiung. Das ist leider erstickt – wir haben die Chance, es zu machen. Ihr habt aber immer noch die Einseitigkeit im Blick: die Schwulen und die Lesben in der an und für sich funktionierenden Gesellschaft. Das ist Quatsch! Wir brauchen eine wirkliche sexuelle Emanzipation, die alle Menschen von ihren klischeehaften Rollen befreit, die ja Unterdrückungsrollen sind. Wir spielen ja alle mehr oder weniger eine Rolle, die die Machthaber befähigt, uns weiter zu unterdrücken. Die traditionelle Hetero-Rolle ist genauso beschissen wie die traditionelle Schwulenrolle. Und wenn wir das gemeinsam einklagen könnten, wäre auch eine breitere Basis da, solche Interessen diskriminierter Minderheiten wirklich mit einzubeziehen. Dein Vorschlag, in diesen Paragraphen für Ausländer und andere die

homosexuelle Problematik einzubeziehen: Ja, das könnte ein guter Trick sein; schöner wäre es aber, wenn man diese gemeinsamen Interessen gemeinsam erkennt und durchsetzt.
Wir haben jetzt in der DDR die Chance, Frauenbewegung wirklich als Initialzündung zu machen. Frauen in der DDR – darüber sprechen Normal-DDR-Frauen eigentlich auch nicht, aber die Frauenbewegung liegt am Boden. Viele DDR-Frauen, das erlebe ich immer wieder, sagen, wenn Leute aus dem Westen kommen: »Ja, wir haben da keine Probleme«. Es ist auch notwendig, ein Bewußtsein zu schaffen für heterosexuelle Männer, die auch ausgebeutet werden durch die erlernte Mannrolle. Das ist aber etwas, wo man integrativ arbeiten müßte. Ich bin für Frauengruppen, egal ob lesbisch oder hetero, ich bin für Männergruppen, egal ob schwul oder hetero.
Letzter Gedanke: Die faschistischen Erscheinungen in der DDR machen mir große Sorge. Das sind keine Niedlichkeiten mehr. Wir haben weder Faschismus noch Stalinismus wirklich aufgearbeitet, und Gemeinsamkeiten aus beiden Strukturen wirken bei uns. Die sind weder erkannt noch benannt, aber sie sind vorhanden, sowohl im extrem rechten als auch im extrem linken Spektrum. Ich merke das jetzt bei diesem Abwählen oder eigentlich Vernichten von ehemaligen Leitern, die innerhalb einer Gesamtstruktur Mitschuld übernommen haben wie wir alle[9], aber die jetzt als Opfer, als Sündenböcke, als Stellvertreter hingerichtet werden. Da steckt für mich genau dieses faschistoide Potential drin, was auch von der anderen Seite kommt. Wir werden es nur gemeinsam los, wenn wir diese Strukturen erkennen und für uns verändern.

OLAF LESER: Ich wollte aus einer ganz anderen Richtung kommen: ich habe kolossale Probleme mit der neuen Situation. Ich kann mich in die neue Situation nicht in der Art hineinfinden, wie ich es gerne möchte. Ich habe aus dieser Sicht natürlich auch Probleme im Umgang mit Forderungen oder mit den Beiträgen, die hier kamen. Ich wollte dir widersprechen – deine Aussage, das seien Minimalforderungen, die dir nicht weit genug gehen oder nicht gesellschaftsübergreifend sind und nur auf uns bezogen: da denke ich, das ist legitim. Wir können nur für uns kämpfen. In bestimmten Sachen können wir für alle kämpfen; es ist vorhin gesagt worden, wir sind auf die Straße gegangen und haben »freie Wahlen« und weiß ich was geschrien. Da ist ein Konsens da. Aber was die schwulen Forderungen anbelangt: die können nur von uns kommen. Die werden nicht von den Heteros kommen. Ich denke, das ist ganz wichtig. Und ich kann dem Günter nur rechtgeben: die bisherige Schwulenbewegung ist eine fast absolut unpolitische Bewegung.

OLAF BRÜHL: Dem fühle ich mich innerlich sehr nahe. Wir müssen in Überlegungen und Analysen und dem, wie wir losgehen, wirklich vom konkreten Leben ausgehen. Ich finde, daß da schon wieder selbst durch die Hintertür ein bißchen Stalinismus reinkommt, wenn man sagt: »Ihr müßt gleich von der großen Ebene ausgehen«. Jeder kann wirklich nur für sich selbst sprechen, und man muß von dem ausgehen, was man wirklich erlebt hat. Die Schwulen haben aber die große Aufgabe, das, was besteht, weil sie es einfach genauer erfahren an ihrer Haut, schärfer zum Ausdruck zu bringen und die Allgemeinheit stärker in Frage zu stellen, die das dringend nötig hat. Das vergessen wir natürlich meistens, indem wir uns auf unsere Fragen beschränken. Aber wir müssen von unseren persönlichen Fragen ausgehen, die müssen wir zuerst formulieren.

JÜRGEN LEMKE: Ich hatte mich ja ursprünglich auf eine Diskussion über den gewöhnlichen Alltag vorbereitet. Da will ich mal zwei Dinge einbringen: Ich hatte in einem Großbetrieb eine Jugendveranstaltung zum Thema »Sex und Liebe«, und da – in der DDR zählt man die Schwulen doch dazu – war ich eingeladen. Da saß eine große Runde: ein Pädagoge, eine Psychologin, ein Spezialist für Innere Medizin; sie hatten das so gemacht, daß so eine Art anonymer Briefkasten eingerichtet war, die Jugendlichen konnten ihre Fragen vorab schriftlich stellen. Unter anderem kam dann auch wieder die allseits geliebte Frage: »Wie entsteht denn eigentlich Homosexualität?« Und da dachte ich, zur Inneren Medizin erstmal, der soll mal beginnen; der war ganz locker, war ja auch irgendwie vorbereitet; plötzlich stutzt er, ganz nachdenklich und ein bißchen irritiert, nachdem er drei, vier Minuten gesprochen hatte: »Ich gehöre nicht zu denen!«

Nächste Sache: diese Psychologin, Typ verständnisvoll-besorgte Mutti: die armen Schwulen und hier in der Gegend und so; und da kam aus dem Publikum, daß das auch versucht wurde, mit Disko und so. Und da sagte sie, sie sei dafür, daß eine medizinische Einrichtung in dem Ort den »gleichgeschlechtlich Empfindenden« Räume für eine Disko zur Verfügung stellt. Und als ich dann sagte, ich würde da nicht einen Fuß heben in von der Medizin zur Verfügung gestellte Räume, da war sie beleidigt, gekränkt.

So ist die Alltagssituation: Man gibt sich verständnisvoll, und wenn dann eine Ablehnung kommt, wie eben bei dieser Psychologin: gekränkt – »Ja, was wollen die denn noch? Wollen sie vielleicht einen Ort in einer richtigen Gaststätte? Nee, in medizinischen Räumen. Das ist und bleibt eine Krankheit, wo man gerne die Ursachen wüßte, um sie therapieren zu können.« Das ist der Alltag. Es wird nicht mehr so direkt und so offen gesagt, genauso wie Professor Sönnichsen nicht mehr offen davon spricht. Aber unter vier Augen wird von der Norm abweichende Sexualität noch als Krankheit behandelt und eben auch medizinisch »therapiert«.

[1] *»Für Anerkennung und Gleichberechtigung von Lesben und Schwulen«* in diesem Band, S. 137 ff..

[2] Bei Abschrift der Gesprächsrunden wurden aus rechtlichen Gründen nur die Beiträge der DDR-Gäste und der Organisatoren des Treffens mit Namen versehen. Bei allen anderen Wortbeiträgen von Teilnehmern aus dem Westen steht XX.

[3] im Leipziger Schwulen- und Lesbenklub *RosaLinde*.

[4] LDPD = Liberal-Demokratische Partei Deutschlands, eine der alten Blockparteien der DDR.

[5] Evangelische Studentengemeinde, gemeint ist der *AK Homosexualität bei der ESG* Leipzig.

[6] Die Veranstalter hatten zu diesem Seminar für Kai Werner vom schwul- lesbischen Jugendklub *Gerede* aus Dresden eine Ausreisegenehmigung beim Zentralrat der FDJ beantragt. Die FDJ schickte als »Delegation« aber nicht nur Kai, sondern auch einen (heterosexuellen) Redakteur vom Jugendradio DT 64, dessen Beiträge in dieser wie in allen anderen Gesprächsrunden aus urheberrechtlichen Gründen mit N. N. gekennzeichnet sind.

[7] nichtkirchlicher Lesben- und Schwulenclub in Berlin.

[8] entstand Anfang 1989 durch Abspaltung vom Sonntags-Klub. Zu *Sonntags-Klub* und *Courage* s. auch OLAF BRÜHL: *»Fünf Begegnungen mit 'homosexuellen BürgerInnen'«* in diesem Band, S. 131 ff..

[9] Günter Grau schrieb dazu: »Nein, so generell laß' ich mich nicht vereinnahmen!«

Integration oder Desintegration?

(2. Gesprächsrunde)

N.N.: Mich beschäftigen zur Zeit natürlich die stalinistischen Strukturen, ich hatte die als solche auch nie so wahrgenommen wie seit dem Umbruch. Mir wird soviel klar, deswegen finde ich das auch so spannend.

Das kenne ich aus Partei und FDJ: die, die komische Westkontakte haben, das war immer so ein Merkmal, das daran hinderte, Kader zu werden – ihr wißt, das heißt bei uns Kader, wenn man irgendwas werden kann. Westkontakte haben, schwul sein, das war auf einer Wellenlänge und hatte immer was zu tun mit diesem stalinistischen Bild vom bösen Klassenfeind, da war schwul ganz nah dran.

Das ist bei den ganzen Leuten, die diesen Apparat gewöhnt sind, immer noch so. Zum Beispiel Sönnichsen habe ich erlebt: wenn ich mit dem in einer Talkshow bin, kann der sich nach vorne hin schon freundlich verkaufen, das ist aber der Wolf im Schafspelz. Anschließend ist es ein ganz unangenehmes Ding mit ihm, wenn er einen so einsetzen will nach dem Motto: »Naja, wir wissen ja eigentlich, wie das richtig ist«. Ich könnte dann in die Luft gehen, wenn er vor Publikum redet, aber da sind die Leute dann völlig hilflos, weil sie sich in ihren eigenen Worthülsen gefangen sehen. Sie plappern ja auch nach, was wir ihnen beigebracht haben: die Natürlichkeit dieser Art von Sexualität und Liebe, aber sie können's nicht verinnerlichen und kommen dann mit Schweißperlen – also sie tun mir einfach leid. Ich denke dann: »Ihr seid eben nicht mehr auf der Höhe der Zeit« – aber eine Diskussion ist nicht möglich. Das steckt in denen auch als Persönlichkeit schon nicht drin.

Letztens hat Günter Grau einen Vortrag gehalten in der Urania – der Dörner[1] stand da und mußte in den Saal brüllen: »Ich bin nicht so!« Mir als Psychologe hat der so leid getan, mir war auch klar, was der für 'ne Lebenszündung hatte, sich ein Leben lang mit völligem Blödsinn zu beschäftigen. Wissenschaftlich kann man da einfach die Augen zumachen; und dann steht dieser alte Mann im Raum und will allen brüllen, er ist wirklich nicht so, und er kann sich das nicht vorstellen. Darüber muß man sich auch gar nicht so sehr aufregen, diese Vorurteile bei Leitern und so, das ist noch so verbreitet, auch wenn nach vorne schöngetan wird.

Selbst bei uns merke ich das: *Jugendradio DT 64* ist ein relativ aufgeschlossenes Kollektiv, die meisten Kollegen hören unsere Sendung ja auch und haben sich schon angepaßt; es spielt aber immer eine Rolle, wenn es darum geht, wen wir einstellen. Wir haben jetzt gerade wieder einen schwulen Kollegen eingestellt – das ist nicht das Normalste von der Welt, da kommen dann die Leute hintenrum und fragen mich, ob ich den eingestellt habe, weil er schwul ist oder weil er viel von Kultur und Kunst versteht. Das ist was, was man nicht beantworten kann, weil man ihn natürlich als Persönlichkeit einstellt. Ohne darauf zu gucken, daß er schwul ist oder vielleicht auch gerade ein bißchen damit kokettiert, daß er es ist. – Aber ich merke, selbst in sehr aufgeschlossenen Kreisen ist noch Mittelalter angesagt.

BERT THINIUS: Ich wollte noch ein paar Worte zur Integration sagen. Ich glaube, diese Tendenz, sich auf das Eigene zu beschränken bei den Schwulen, wird noch unterstützt durch die Abwehr bei den Heterosexuellen. Die können im Alltag (aber auch sonntags) die Schwulen eher tolerieren, wenn sie die als »andere« verstehen können. »Es gibt eben solche Leute, die sind schwul, aber das hat mit mir nichts zu tun«. Meine Alltagserfahrungen in der Öffentlichkeit sind, daß immer aus dem, was wir da gemeinsam produzieren, von den verantwortlichen Redakteuren (die in der Regel alle heterosexuell sind) das rausgestrichen wird, was wirklich Homosexualität betrifft und nicht nur Schwule. Also Homosexualität, die eben alle angeht. Dieses Nicht-festgelegt-Sein auf eine sexuelle Orientierung.

Die Auseinandersetzung damit wäre aber der Schlüssel, um gemeinsame Forderungen zu stellen, auch um diese Begrenztheit von Persönlichkeitsentwicklung durch Rollenklischees faßbar zu machen für andere. Wahrnehmbar werden zu lassen, daß schwule Forderungen nicht egoistische Forderungen sind. Bloß, das wird kaum von Schwulen allein artikulierbar sein, weil denen dann immer Ideologie unterstellt wird. Diese Artikulation müßte eigentlich – vielleicht von der Frauenbewegung, vielleicht aber auch von einer emanzipatorischen Männerbewegung kommen.

BERND HEIMBERGER: Ich bin etwas überrascht über dich, Bert, und daß sich alle Schwulen bitter beklagen, daß sie ein Ghetto bekommen. Jürgen hat das ja in seinem Beispiel klargemacht. Ich glaube, die Lebensbedingungen der Schwulen haben immer dazu geführt, daß sie sich selbst Ghettos geschaffen haben. Und daß jetzt die anderen nicht in der Lage sind, mehr anzubieten, das wundert mich nicht. Mich wundert nur das Wundern darüber.

GÜNTER GRAU: Ist das nicht ein bißchen vereinfacht? Wir haben für diese Politik bei uns diese beiden Begriffe gewählt: Integration und Emanzipation, die wir selbst bisher nicht hinterfragt haben. Mit der Integration war so ein Aufgehen im Allgemeinen verbunden. Ich habe mich immer sehr unbeliebt gemacht in den Diskussionen, wenn ich gesagt habe, für mich gehört zu diesem politischen Bestreben, um Anerkennung, Akzeptanz und Gleichberechtigung zu ringen, auch die Desintegration. Ich muß schwule Männer, ich muß uns überhaupt erst einmal befähigen zu einer Identität (wobei ich davon ausgehe, daß die, die hier im Saal sitzen, dieses Bewußtsein haben). Aber die Hunderttausende bei uns, die grauen Mäuse – ich sage das nicht abwertend –, die sich gar nicht aus den Löchern heraustrauen, die werden sich doch mit diesen (entschuldigt bitte) radikalen Forderungen nicht identifizieren wollen.

Insofern hat das nichts mit Ghetto zu tun; vielmehr sind es Orte, wo Schwulsein gelebt wird. Ich finde es unheimlich wichtig, daß es »solche« Kneipen und Diskotheken gibt, die stockschwul sind. Und die Rede kann nicht sein von: »Ihr müßt aufgehen«, »Seid so wie alle«, »Menschen wie du und ich« – Losungen, wo ich wirklich völlig verrückt werden könnte, wenn ich sie höre!

Die Kneipen, Klubs etc. sind nicht das Ghetto. Das Ghetto wird von anderen geschaffen. Ich bin dafür, daß wir darauf bestehen, eigene Räume zu haben, wo wir die Möglichkeit haben, das zu sein, was wir sein wollen, jeder nach seinem Geschmack. Also die Ledertunte neben der Fummeltrine, und weiß der Teufel, was da noch aufzuzählen wäre.

BERND HEIMBERGER: Ich verstehe deine Haltung durchaus, aber ich plädiere dafür, daß die Schwulen einen hohen Grad an Eigenverantwortlichkeit haben und praktizieren. Ich spitze ja bewußt mit diesem Wort »Ghetto« zu, um die Übertreibung zu machen. Was du von den grauen Mäusen sagst, dieses In-Sich-Zurückgehen, dieses Zuhausebleiben, die stille Kneipe und so weiter: das ist für mich eine Form von Ghettosituation.

JÜRGEN LEMKE: Das ist ein bißchen elitär, wie du da rangehst. Ganz konkret von deinem Leben ausgegangen stimmt das sicher, nach dem, was ich so mitgekriegt habe. Aber ich gebe Günter recht, wenn er sagt: wie sollst du denn das Bewußtsein entwickeln? Das ist doch die Frage. Erstmal das Bewußtsein entwickeln, diese Identität finden – die ist nicht zu finden, wenn das alles gleich aufgeht.

BERND HEIMBERGER: Du kannst die Identität nur durch dich wirklich möglich machen. Und deine Identität, die du anderen zeigst, kann ja die Bestärkung sein, daß die anderen ihre Identität wirklich entwickeln.

OLAF LESER: Ich glaube, der springende Punkt ist, wie weit die Persönlichkeit entwickelt ist. Ich kann mich natürlich nach außen ohne weiteres als Schwuler verkaufen. Aber der, der noch nicht in seinem Coming out drin steckt oder den Weg nur ein kleines Stück weit gegangen ist: daß der sich natürlich nicht sofort als Schwuler verkaufen kann und den Anfeindungen der Hetero-Umwelt viel stärker ausgesetzt ist und das viel schneller verinnerlicht, das ist für mich vollkommen klar. Und wir brauchen die Nischen dafür, diese abgegrenzten Gebiete, in denen jeder sein Schwulsein heraushängen lassen kann (oder ihr Lesbischsein), ohne daß daraus für ihn Nachteile entstehen.

OLAF BRÜHL: Identitätsfindung von Schwulen über diese Gruppen und Nischen geht ja noch viel weiter, weil das Ghetto ja auch viel weiter geht und nicht nur die betrifft, die gerade das Coming out haben, sondern es gibt ja noch das Ghetto für die Homosexualität bei allen Männern; die Männer, die zuhause noch eine Frau oder Freundin haben und überlegen, ob sie's mal probieren und dann ganz schnell zurückrennen voller Angst und sich auch nicht identifizieren können damit, daß sie diese Neigungen haben. Die bräuchten eigentlich auch mal einen Anlaufpunkt, also Männergruppen oder gewisse Möglichkeiten, wo sie, sich nicht gleich als schwul identifizierend, zu dieser Homosexualität hinfinden können.

XX[2]: Ich würde gern noch ein bißchen genauer hören, wie konkret das Leben der Mehrheit ist, wie die Subkultur in den einzelnen Städten entwickelt ist.

Ich persönlich kenne sie nur aus Berlin, ich weiß nicht, wie das in anderen Städten der DDR ist. Ich vermute mal, daß mein Gesamteindruck, daß alles sehr ähnlich ist wie bei uns, sich dann weiter bestätigen wird. Und wo ich gerne nachhaken würde: es fiel der Nebensatz, der bei uns BRD-Schwulen auch immer noch drangehängt wird: »Und die Lesben natürlich auch«. Wie ist das, vielleicht noch ein bißchen genauer, mit den Lesben und den Schwulen in der DDR? Gibt's da ähnliche Probleme wie bei uns? Wo sind die Unterschiede?

RAINER MARBACH: Ich möchte mich da gern dranhängen und vorschlagen, daß wir uns nun dem Thema Subkultur widmen – das ist ja ein bißchen zu kurz gekommen – was wesentlich mit dem Stichwort »Alltag« zu verbinden ist. Beide Seiten: das heißt das von DDR-Leuten artikulierte Defizit an subkulturellen Angeboten wie die Einschätzung des subkulturellen Angebots in der DDR.

OLAF LESER: Subkultur in der DDR – Frage, gibt es die? Natürlich gibt es die. Was Bars, Kneipen, Diskotheken anbelangt, natürlich fast ausschließlich in Berlin(Ost), in der übrigen Republik nur sehr sporadisch. Die übrige Republik wurde ja immer so als die Provinz behandelt, auch von oben her nicht so gefördert, und das Gaststättenwesen ist da natürlich nicht ausgenommen. Die schwule Bewegung hat in den meisten großen Städten zwischenzeitlich Gruppen installiert; seit '82 haben sich kirchliche Gruppen gebildet, es gibt jetzt 23 oder so, und es gibt 12 bis 15 nichtkirchliche Gruppen, die bei der FDJ oder bei staatlichen Klubhäusern angesiedelt sind. – Damit erschöpft sich das dann auch, das heißt, es gibt natürlich (was heißt natürlich, so natürlich ist es eigentlich nicht) keine schwulen Pornokinos und keine ausgesprochen schwulen Saunen, so wie wir sie hier kennen, keine Pornomärkte und so weiter. Damit ist vielleicht auch begründet, daß die schwulen Gruppen in den Provinzen eine etwas andere Funktion haben als die schwulen Gruppen in Berlin – in Berlin ist eine Gaststättensubkultur vorhanden, die in den Provinzen weniger vorhanden ist – die schwulen Gruppen in den Provinzen haben dann auch diesen Teil der Bedürfnisse der Schwulen mit abzudecken.

JÜRGEN LEMKE: Ich bin mir sicher, daß mit der Genehmigung von privaten Betrieben und Kleinbetrieben auch in der Gastronomie diese Defizite ganz schnell behoben sein werden. Und vielleicht werden wir dann auch völlig glücklich sein, wenn wir in Berlin eine schwule Nachtsauna kriegen, dann ist das Glück perfekt. Aber das hängt damit zusammen, daß jetzt viele die

Interessen binden werden, also Gaststätten auch in der Provinz. Vielleicht sollte man ganz konkrete Forderungen stellen, die bezirksmäßig ausgerichtet sind.

XX: Was heißt denn jetzt fordern?

JÜRGEN LEMKE: Daß du Räume kriegst zum Beispiel. Du kannst doch nicht irgendwo hingehen und eine Gaststätte aufmachen – das geht doch immer alles nur über's Wohnungsamt und all diese Ämter.

THOMAS THIEL: Ich wollte mal erzählen, wie es mir ging, als ich nach Leipzig kam nach dreijährigem Armeedienst, vorher eigentlich mehr oder weniger in der Provinz aufgewachsen, in Pirna, wo man von schwulem Leben überhaupt nichts gemerkt hat, da war tote Hose. Es hat sich zwar jetzt eine Nachtbar herausgebildet, wo 20 Hanseln herumspringen, die aber – daß muß ich betonen – nur bis 22 Uhr offen hat. Jetzt kommt's: in Pirna werden diese 20 oder 25 Mann als reine Exoten bezeichnet und auch so behandelt. Die Leute werden angeguckt, dann erfolgt ein großes Stadtgespräch und dann wird anvisiert, wie oft er seinen Partner wechselt, ob er in ordentlichen Verhältnissen lebt, und so weiter. Also dieser ganze Kleinstadttratsch. Das ist wirklich sehr extrem. Ich kenne das von einem Bekannten von mir, der war Kellner in einem sehr guten Restaurant, hat ordentlich gearbeitet und alles, und als sie dann erfahren haben, daß er schwul war, flog er aus dieser Gaststätte raus und mußte in die Mitropa gehen. (Das sind vielleicht Einzelerscheinungen, das muß nicht überall so sein.)

Und gerade aus diesen Erfahrungen, die ich dort gemacht hab', bin ich dann nach Leipzig gekommen, auch etwas schüchtern, mit sehr viel Angst auch – auf die Hochschule. In der Hochschule war es dann so, daß davon nichts existierte, bis mich einmal irgendeiner aus einer Parallelseminargruppe angesprochen hat und mir direkt ins Gesicht gesagt hat: »Wir schwimmen irgendwie auf derselben Welle«.

Und da haben wir erstmal Leipzig erkundet. Wir wußten dort erstmal nichts. Wir haben ein paar Diskotheken ausfindig gemacht, das war dieser *Bayrische Hof* und dieser *Goldene Adler,* sind dort rein und waren erstmal erschrocken. Das Ganze war erschreckend, weil die Leute dort hingegangen sind, Eintritt bezahlt haben, sehr viel getrunken haben und versucht haben, jemanden für die Nacht zu finden. Ein Gespräch, was du dort anfangen wolltest, war aussichtslos – gut, ich kam immer mehr auf die Basis, daß man sich unterhält, sich amüsiert, tanzt und trinkt und dann aber erstmal den Schluß-

strich zieht, mehr ist eben nicht drin. Es war wirklich so, entweder du kommst mit ins Bett oder wir lassen das irgendwie. Es kam in mir so 'ne Art Kotzeffekt, daß ich sagte: raus hier, weg hier und erstmal alles sein lassen.
Dann versucht man, einen Bekanntenkreis aufzubauen. Da war das Problem, gerade in Leipzig: die ganzen Kreise sind sehr familiär, und dort 'reinzukommen, ist schon ein Problem. Ich kam in einen rein. Man unternimmt dort in kleinem Rahmen etwas zusammen – man muß dann sagen: man feiert Geburtstag oder sowas. Man geht in Gruppen in die Diskotheken.
Von den organisierten staatlichen und kirchlichen Sachen wußte ich damals noch nichts. Später bin ich da auch reingekommen, und dann zu *RosaLinde,* was nicht diese kommerzielle Form hatte wie in den Diskotheken. Das Schöne ist, daß *RosaLinde* und die *ESG*[3] diese Form gefunden haben bei ihren Diskos, im Gegensatz zu diesen Diskotheken, die mit einem Klubausweis zu besuchen sind. Daß es herzlicher ist, macht mehr Spaß, man kann mit den Leuten viel besser in Kontakt kommen, als daß man sich eben nur hinstellt, aufgestylt wie sonstwas, sich nur anguckt von oben bis unten, merkt, das ist nicht meine Kragenweite, und wieder geht. Solche Extreme gibt es natürlich auch. – So hab ich es erlebt, und so wollte ich es eben auch darstellen.

XX: Könnt ihr was sagen über die Möglichkeit zu wohnen, mit Wohnungszuweisung, wie ihr da diskriminiert werdet? Wie ist es zum Beispiel möglich, als Wohngemeinschaft zu wohnen?

JÜRGEN LEMKE: Das hängt direkt mit dem Problem der Subkultur zusammen: es wurde ja gesagt, diese Subkultur hängt natürlich von der gastronomischen Infrastruktur ab. Wenn es überhaupt keine Kneipen gibt oder Kneipen an sich zu knapp sind, auch differenzierte Kneipen, Gaststätten und so weiter, dann ist es natürlich auch zu wenig, was für die Schwulen übrig bleibt. Mit der Wohnungssituation ist es ähnlich: du hast eigentlich kein Wohnungsdefizit, sondern eine verfahrene Wohnungspolitik: ganz rigide, administrative Festlegungen darüber, wer wie wann eine Wohnung zu bekommen hat. Das kann natürlich so überhaupt nicht realisiert werden, was bedeutet, daß es dann eine Grauzone gibt. Da wir von Alltag reden, muß man das auch persönlich-konkret erzählen: ich wohne seit zehn Jahren in einer Hinterhausbude. Als Student war ich froh drüber, ich dachte halt: naja, drei, vier Jahre, und dann mußt du sehen, daß du was Besseres, Größeres kriegst, wo du auch arbeiten kannst, vielleicht mit einer Dusche sogar. In dieser Wohnung wohne ich jetzt seit über zehn Jahren. Ich hatte richtig schwer gekämpft, viele Kräfte und Nerven investiert, um was anderes zu bekommen, und das ist wahnsinnig schwer. Auch Freundschaften, die ich hatte, sind zum Teil daran kaputtgegangen, weil wir das auf so einem engen Raum zusammen nicht ausgehalten haben.

Ja, und mit Wohngemeinschaften ist es noch schwieriger. Ich weiß von Freunden, die jetzt versuchen, drei Wohnungen zu tauschen, um die zusammenzulegen zu einer größeren, und das ist alles verbunden mit einem riesigen bürokratischen Aufwand. Es ist eigentlich nicht machbar. Es gibt meines Wissens kaum Wohngemeinschaften in dem Sinne wie hier, zumal so eine Wohngemeinschaft ja auch über die Fluktuation funktioniert. Wenn du für Jahre zusammengeschweißt bist, dann ist die Sache schon im Kern problematisch. Du mußt immer wieder eine Möglichkeit haben, dich zurückzuziehen, und die ist bei uns nicht da. Diese Idiotie: Jemand hat eine Wohnung, lernt jemanden kennen – sei es Männlein oder Weiblein – zieht zusammen, lebt mit der- oder demjenigen, und – in der DDR ist das absolut typisch, daß derjenige dann seine andere Wohnung behält. Die kann jahrelang leerstehen – das, was der für die Miete bezahlt, das ist so lächerlich, daß der nie auf die Idee kommen würde, diese Wohnung aufzugeben, weil, wenn seine Beziehung jetzt kaputtgeht und er aus dieser Wohnung wieder rauswill, er keine Wohnung mehr bekommt. Durch diese Idiotie, durch diesen Wahnsinn sind in der DDR Hunderttausende Wohnungen blockiert, die leerstehen, kaputtgehen, verfallen ... Es ist auch soviel politisch unverantwortlich, da sind wir nämlich wieder an dem Punkt, daß der ganze Alltag bei uns – ich glaube, es gibt kein Land, wo der Alltag so hoch politisiert ist wie in der DDR. Deshalb kommen wir mit dem Alltag auch nur zurecht, indem wir ihn politisch umkrempeln.

THOMAS THIEL: Ein Problem bei uns auf den Wohnungsämtern ist, wenn du jetzt hingehst und sagst, ich möchte mit meinem Freund zusammenziehen: das wird nicht als Grund anerkannt. Oder wenn Lesben eine eigene Wohnung wollen, müssen sie ein Kind vorzeigen oder einen Mann haben, um in eine größere Wohnung einziehen zu können. Das ist das Problem, nicht der Wohnungsmangel. In Leipzig stehen zur Zeit massig viele Wohnungen leer, weil die Leute ausgezogen sind. Wenn man Glück hat und einen Schlüssel erhält, kann man die Wohnung einfach besetzen, einziehen und damit hat sich das. Es gibt zwar auch Probleme: wenn man illegal in eine Wohnung

einzieht, kann man strafverfolgt werden und muß 5000 Mark zahlen. Aber man kann nicht auf die Straße fliegen. Mir hat man das erstmal zugesichert, daß ich keine Strafverfolgung zu erwarten habe.
Wenn man jetzt aber wirklich auf dem Wohnungsamt sagt: »Wir sind schwul, wir wollen zusammenwohnen«, oder: »Wir sind lesbisch«, dann gibt es wohl auch große Schwierigkeiten mit den Behörden in Leipzig, die das nicht akzeptieren.

OLAF BRÜHL: Das könnt ihr euch gar nicht vorstellen, das Drama. Daß es wirklich ein politisches ist, kann man daran erkennen: von den beiden Wohngemeinschaften oder schon fast kommuneartigen Versuchen, über die ich informiert bin in Berlin, gegen die ist man mit Polizeigewalt vorgegangen. Da gab es eine Sache in Prenzlauer Berg[4], wo Leute versucht haben, in einer größeren Gruppe zusammen zu leben und auch zu lieben und Mauerdurchbrüche gemacht haben. Und da ist man wirklich mit der Polizei gekommen, hat das alles wieder zugemauert, das ganze Haus wurde blockiert. In einem anderen Fall hat man die Leute kriminalisiert, ausgewiesen und auf die Art und Weise getrennt.
Die Folge davon: dadurch, daß die Menschen alle in ihren kleinen Wohnungen leben, verlieren die ja auch die Fähigkeit, miteinander in solchen Räumen umzugehen, neue Formen zu entwickeln, sich in Gruppen zu sozialisieren. Das ist eine ganz traurige Geschichte: ein Freund von mir hat seinen Freund in die Nachbarwohnung bekommen, die haben dann 1½ Jahre gekämpft, um einen Mauerdurchbruch zu machen. Dann haben sie den gehabt; nach 2 Monaten sind sie nicht mehr klargekommen und haben's wieder zugemauert. Eine ganz furchtbare Geschichte.

OLAF LESER: Ich wollte noch was zu Thomas sagen: so ganz kann ich das nicht im Raum stehen lassen. Die Möglichkeit besteht schon, daß auch zwei Schwule zusammenleben können. Das hängt natürlich von der Willfährigkeit oder der guten Laune des- oder derjenigen ab, die das bei dem jeweiligen Rat zu bestimmen hatten, ob die Wohnungsproblematik so gelöst wird, wie das die Leute gerne hätten. Ich weiß auch, daß es positive Sachen in der Richtung gibt.

BERT THINIUS: Es gibt beim Magistrat von Berlin seit etwa einem dreiviertel Jahr eine Verfügung, daß schwule Paare wie Ehepaare zu behandeln sind. Wie man es praktiziert, ist eine andere Sache.

KLAUS LAABS: Das sind so Einzelheiten eines völlig überdrehten administrativen Systems, das jetzt überhaupt nicht mehr funktioniert, was natürlich irgendwann in sich zusammenbricht. Diesen Moment erleben wir jetzt.

OLAF BRÜHL: Man soll das nicht unterschätzen. Das sind nicht nur überdrehte administrative Sachen, sondern da ist System drin. Auf der einen Seite stehen Wohnungen leer, und auf der anderen Seite kommt dann so eine tolerante Weisung, die wie Ehepaare zu behandeln. Daran erkennt man die Struktur. Wenn man sich nämlich bürgerlich-schwul-verkehrt verhält wie ein Ehepaar, dann kriegt man ein bißchen dazu. Aber solche Sachen, die politisch viel wichtiger sind und die natürlich auch für so eine bürgerliche Struktur, wie sie bei uns noch geherrscht hat, gefährlich sind, wie Wohngemeinschaften oder Kommunen: das geht nicht.

BERT THINIUS: Es gibt eine Möglichkeit, diese Administration etwas zu unterlaufen: über den Wohnungstausch. Wir haben es zum Beispiel geschafft, daß in unserem Haus vier Schwule in einem Aufgang wohnen, und das ist, wenn wir wollen, wie eine Wohngemeinschaft, und wenn wir nicht wollen, wie Isolation.

Diese Paarregelung ist wirklich etwas makaber. In einem Streitgespräch mit unserer Uni-Arbeitsgruppe sagte einer von den Verantwortlichen auch: »Wie soll man denn Homosexuelle überhaupt als Paar akzeptieren – die wechseln doch 175mal im Leben ihre Partner?« Da war dann so ein Kompromiß: die könnten ja zum Notar gehen, die Gütergemeinschaft erklären und gegenseitige Vertretbarkeit, damit haben sie so einen Status wie ein Paar. Das gilt dann natürlich auch immer nur für zwei.

Ich habe noch eine Frage an die Leute aus der BRD zum Thema Subkultur. Die ist ja bei uns sicherlich weniger und anders entwickelt als bei euch, und wir haben jetzt vielleicht die Chance, das ein bißchen anders und bewußter zu machen. Ich fühle mich da total im Zwiespalt, kann mich an keine der von mir identifizierbaren Strukturen so richtig anschließen und kritisiere einerseits das Verhalten in der Subkultur, verteidige aber die Subkultur, also die Existenz von Bereichen, in denen Schwule nur unter sich sind. Aber selber spür' ich eben, daß ich mich weder da sehr wohl fühle, wo ich nur schwul bin oder sein kann oder wo nur das Schwule an mir von den andern bemerkt wird, und genauso unwohl fühle ich mich andererseits, wenn das Schwule nicht bemerkt wird, in der übrigen Zeit meines Lebens. Ich denke, das hat irgendwas mit Integration zu tun, nicht in diesem Verständnis, das du vorhin gesagt hast, Günter, Einordnung in vorhandene, als gültig oder akzeptabel angesehene Strukturen, sondern im Sinne von Ganzmachung. Meine Frage ist: habt ihr positive Erfahrungen gemacht in der Gestaltung von Subkultur, so daß die wirklich in dem Sinne integrativ ist? Also daß die Schwulen auch in der Subkultur ganz bleiben, dort nicht nur schwul sind und andererseits aber auch ihre Energien, die sie vielleicht haben, um Verhältnisse überhaupt ändern zu können, nicht dauernd umwandeln, indem sie sich in der Subkultur austoben und dann wieder als Befriedigte, Asexuelle ihren Alltag außerhalb der Subkultur erledigen?

RAINER MARBACH: Ihr DDR-Leute habt lange genug um die Einschätzung der Funktion von Subkultur rumgeredet, hatte ich vorhin den Eindruck. Ich schlage vor, diese Frage am Nachmittag unterzubringen, bei der Frage der Perspektiven. Dazu gehört sicherlich auch, was man sich an schwuler Infrastruktur und Subkultur – falls man sowas überhaupt wünscht – vorstellen kann.

[1] Günter Dörner, Endokrinologe (Drüsenforscher) an der Humboldt-Universität Berlin. Seiner Theorie zufolge ist »pränataler Streß« die Ursache für Homosexualität. Siehe WERNER: *»Homosexualität«* und AMENDT: *»Natürlich anders«*; siehe auch in diesem Band: OLAF LESER: *»Homosexuelle in der DDR«*, S. 39 und GÜNTER GRAU: *»Es ist nicht alles Gold, was krenzt«*, S. 69.

[2] Bei Abschrift der Gesprächsrunden wurden aus rechtlichen Gründen nur die Beiträge der DDR-Gäste und der Organisatoren des Treffens mit Namen versehen. Bei allen anderen Wortbeiträgen von Teilnehmern aus dem Westen steht XX.

[3] Evangelische Studentengemeinde (gemeint: der *AK Homosexualität der ESG* Leipzig).

[4] »alternativer« Bezirk von Berlin/DDR.

Olaf Leser

Homosexuelle in der DDR

Versuch eines historischen Überblicks

Anhand einiger Ereignisse, gegliedert in Schwerpunktbereiche, möchte ich den Versuch unternehmen, etwas zur gesellschaftlichen Bewertung von Homosexualität in der DDR zu vermitteln.

Der rechtliche und berufliche Bereich

Bereits im Februar 1950, also nicht einmal ein halbes Jahr nach Gründung der DDR, wurde der aus dem »Dritten Reich« übernommene § 175 von der seit 1935 geltenden Verschärfung befreit, bestand dann allerdings in dieser Fassung bis zur Strafrechtsreform 1968. 1968 wurde der § 175 gänzlich gestrichen und dafür der § 151 in das nun geltende StGB aufgenommen. Er enthielt die Regelung, daß gleichgeschlechtlicher sexueller Umgang von Personen über 18 Jahren mit Personen unter 18 Jahren strafbar war. Im Gegensatz dazu galt im heterosexuellen Bereich eine Altersrenze von 16 Jahren. Nun waren erstmals lesbische Frauen und schwule Männer gleichermaßen betroffen.

Obwohl dieser Paragraph in der Strafrechtspraxis recht tolerant gehandhabt wurde, gab es doch eine ganze Reihe von Prozessen, den letzten im Mai 1987. Der Angeklagte wurde vor einem Erfurter Gericht zu einer Bewährungsstrafe verurteilt. Durch Intervention von Wissenschaftlern und durch die Tatsache, daß die schwul-lesbische Emanzipationsbewegung (auf die ich noch zu sprechen komme) die Homosexualität ein Stück aus dem Bereich der Tabuthemen herausführen konnte, wurde dieses Urteil am 11.8.1987 durch das Oberste Gericht der DDR kassiert. Es erging ein Grundsatzurteil, wonach in Zukunft von einer Egalisierung der Schutzaltersgrenzen auszugehen sei.

Nach der neuen Strafrechtsreform vom 1.7.1989 macht das StGB keinen Unterschied mehr zwischen Hetero- und Homosexuellen. Der Paragraph 151 wurde ersatzlos gestrichen und die betreffenden anderen Paragraphen in ihrem Wortlaut verändert.

Ganz anders sieht die Situation in anderen Rechtsbereichen aus. »Die dauerhaften Partnerbeziehungen schwuler Männer und lesbischer Frauen werden vom Ehe-, Renten-, Erb- und Steuerrecht ignoriert.« (Grau[1])

Ja, selbst bei der Wohnungsvergabe, die in der DDR durch staatliche Stellen erfolgt, gibt es keine einheitliche gesetzliche Regelung; so kommt es immer wieder vor, daß lesbischen und schwulen Paaren eine gemeinsame Wohnung verwehrt wird. »In verschiedenen Bereichen des Berufslebens gibt es eine differente Behandlung. In der letzten Zeit (als Reaktion auf die öffentliche Diskussion der Homosexualität?) mehren sich die Fälle, daß als homosexuell bekannte Männer, die sich zu einer beruflichen Laufbahn innerhalb der Verteidigungsorgane entschlossen haben, den Dienst quittieren müssen. Sie werden in Ehren entlassen, aber sie werden entlassen.« (Grau) Und dies, obwohl Homosexualität kein Wehruntauglichkeitsgrund ist, schwule Männer also in jedem Fall ihren Grundwehrdienst von 18 Monaten ableisten müssen. »Ebenso ist im Erziehungswesen keinem schwulen Mann, auch keiner lesbischen Frau zu empfehlen, sich als solche zu bekennen. Zwar gibt es keine Gesetze oder Dienstvorschriften, die Homosexuellen ausdrücklich eine Tätigkeit als Lehrer oder Erzieher in Schule, Heim oder Internat untersagt, doch wirkt hier der informelle Sanktionsdruck, so u.a. die Legende vom Verführer besonders stark.« (Grau)

Im kirchlichen Bereich ist bei der Entscheidung, ob ein homosexueller Theologe ordiniert wird, auch nur eine Lösung im Einzelfalle üblich. Die generelle Entscheidung der Ordination homosexueller Theologen durch die Kirchenleitungen ist längst überfällig, zumal bereits vor fünf Jahren eine recht progressive Ausarbeitung und Entscheidungshilfe von Manfred Punge bei der Theologischen Studienabteilung beim Bund der ev. Kirchen der DDR erstellt wurde[2].

Bereich Wissenschaft

In den 50er Jahren gab es einen Einzelkämpfer: Dr. Rudolf Klimmer, Nervenarzt in Dresden, selbst homosexuell, kämpfte für die Abschaffung des § 175. Seine Argumentation steht noch sehr in der Tradition von Magnus Hirschfeld und dem WHK[3] der 20er Jahre. Er geht von einer biologischen Bedingtheit der Homosexualität aus, spricht aber gleichzeitig von »Pathogenese« und »Störung«. Womit er sich also nicht aus dem Denkschema »Homosexualität = Krankheit« entfernen kann. Trotzdem muß man ihn wohl als Vorkämpfer der schwul-lesbischen Emanzipationsbewegung der DDR ansehen. Bis in die 70er Jahre ist die Homosexualitätsdiskussion eine absolute Domäne der medizinisch-psychologischen Fachrichtungen und der Justiz. Prof. Dörner beginnt Ende der 60er Jahre am Institut für experimentelle Endokrinologie mit der Erforschung von Homosexualität an Tiermodellen. Er geht dabei vom Paarungsverhalten weißer Ratten aus. Er glaubt, durch Hormonmanipulation um den Zeitpunkt der Geburt ein Regulativ für oder gegen homosexuelles Verhalten gefunden zu haben. Seine gewonnenen Erkenntnisse überträgt Dörner nun auf Menschen und geht ursprünglich von einer Beseitigung der menschlichen Homosexualität aus. In den 80er Jahren relativiert er seine Hypothese und formuliert nun vorsichtiger, daß Homosexualität »nichts Schlechtes sei«.

Der Sexuologe Siegfried Schnabl ging 1969 in seinem Buch »Mann und Frau intim« erstmals gegen die Sichtweise von Homosexualität als Laster und Unzucht vor und widerlegte bevölkerungspolitische Argumentationen, führte also in die Diskussion die sozialwissenschaftliche Ebene ein.

In dem 1972 als Handreichung für den Biologieunterricht von Studienrat Dr. Kurt Bach herausgegebenen Werk »Geschlechtserziehung in der sozialistischen Oberschule« wird Homosexualität noch als Fehlhaltung aufgefaßt. Er schrieb bezüglich einer sozialen Integration Homosexueller: »Man soll sich nicht mit Homosexuellen befreunden oder ihre Gesellschaft aufsuchen, aber man soll sie auch nicht verunglimpfen.« In den 70er Jahren erschienen in verschiedenen Zeitschriften populärwissenschaftliche Artikel; der Grundtenor war hier ein Werben um Verständnis für Homosexuelle, wobei die pathologisierende Wertung weiterhin bestehen blieb.

In der 80er Jahren finden sich dann schon ganz andere Aussagen. So tritt Kurt Bach in einem Artikel für die konsequente Akzeptanz Homosexueller ein und bezeichnet seine früher getätigten Aussagen als »Jugendsünden«.

In dem 1984 erschienenen populärwissenschaftlichen Werk »Liebe und Sexualität bis 30«, ist ein ganzes Kapitel der Homosexualität gewidmet[4]. Ganz selbstverständlich finden sich im Bildteil die Abbildungen eines lesbischen und eines schwulen Paares. Unter anderem werden in diesem Buch Dörners Thesen zur Homosexualität und deren Entstehung kritisiert.

Die sich seit Beginn der 80er Jahre formierende Emanzipationsbewegung hatte es verstanden, führende Wissenschaftler für sich zu gewinnen. Durch das persönliche Engagement von Prof. Erwin Günter, Jena, Prof. Lykke Aresin, Leipzig und des bereits erwähnten Dr. Kurt Bach war es im Juni 1985 möglich, in Leipzig erstmals eine interdisziplinäre Tagung zu Problemen der Homosexualität durchzuführen. Veranstalter dieser Tagung waren die *Sektion Ehe und Familie der Gesellschaft für Sozialhygiene der DDR* und die *Sektion Andrologie der Gesellschaft für Dermatologie der DDR*. Bei dieser Tagung kamen auch erstmals, neben den Wissenschaftlern, Homosexuelle zu Wort. In Karl-Marx-Stadt fand dann im April 1988 die als *»II. Workshop zu psychosozialen Aspekten der Homosexualität«* bezeichnete weiterführende Veranstaltung mit einem stark erweiterten Teilnehmerkreis statt. Das Hauptanliegen dieser Workshops war – und ist, denn der III. Workshop wird am 3.2.1990 in Jena stattfinden –, daß sich Wissenschaftler für die gesellschaftliche Akzeptanz von Schwulen und Lesben einsetzen. So sagte Kurt Bach in seiner Eröffnungsrede zum II. Workshop: »Unser Workshop soll alle Teilnehmer und die Leser unseres Tagungsbandes[5] darin bestärken, persönliches Engagement und offene Parteilichkeit gegenüber Homosexualität auch im privaten Leben, in der beruflichen Tätigkeit und in politischen Funktionen zu zeigen.« Beiträge aus beiden Workshops sind von Günter Amendt unter dem Titel »Natürlich anders«[6] auch in der BRD erschienen.

Im Jahre 1987 erschien das erste populärwissenschaftliche Buch zur Homosexualität in der DDR. Der Herausgeber – Reiner Werner, Professor für forensische Psychologie an der Humboldt-Universität in Berlin – hat mit seinem Buch[7] versucht, sich in alle Richtungen offen zu halten; was in einem Kapitel ausgesagt wird, wird drei Kapitel später relativert. Das Aussagefähigste an diesem Buch sind die abgedruckten Briefe von Betroffenen, sie erzählen ungeschminkt von den Problemen, den Schicksalen Schwuler und Lesben in der DDR. Dr. Günter Grau gab in diesem Jahr eine Aufsatzsammlung zu theologischen und sexualwissenschaftlichen Einsichten zur Homosexualität heraus[8]. Dieses Buch stellt eine große Bereicherung der Diskussion dar.

Emanzipationsbewegung und Freizeitbereich

Den Dresdner Arzt Dr. Rudolf Klimmer als Vorreiter der schwulen Emanzipationsbewegung habe ich bereits benannt. Nach meinem Kenntnisstand gab es dann bis in die 70er Jahre nichts, was man als Emanzipationsbewegung bezeichnen könnte.

1973 bildete sich in Berlin um den Studenten Peter Rausch ein privater Zirkel, der sich 3 Zielpunkte setzte:

- eine Wahlfamilie für Homosexuelle zu sein,
- eine Alternative zur Subkultur zu sein,
- Öffentlichkeitsarbeit zu leisten.

Die Gruppe nannte sich *Homosexuelle Interessengemeinschaft Berlin,* kurz *HIB*. An den freitags stattfindenden Gesprächsabenden nahmen etwa 30 Personen teil. 1976 veranstaltete die *HIB* gemeinsam mit der *Urania* ein Forum zum Thema Homosexualität, an dem ca. 500 Personen teilnahmen. Um sich als Verein registrieren zu lassen, stellte die Gruppe 1976 einen Antrag beim Ministerium des Inneren, dieser wurde abgelehnt. Danach stagnierte die Arbeit der Gruppe.

Etwa zur gleichen Zeit bildete sich eine Gruppe von lesbischen Frauen um Uschi Sillge, die ein offizielles Domizil im Berliner *Haus der Gesundheit* fand. Dort wurden sie ständig von einer Psychologin betreut und fühlten sich mehr und mehr als Forschungsobjekt behandelt, was schließlich zu Konflikten und zum endgültigen Bruch führte.

1978 kam es zu organisatorischen Berührungen der beiden Gruppen. Eine für den 8.4.1978 anberaumte gemeinsame Veranstaltung wurde von der Polizei wenige Tage vorher verboten. Für die *HIB* war dies das endültige Aus. Eine Restgruppe um Uschi Sillge hielt sich bis 1987 und gründete dann in einem Berliner »Klubhaus der Werktätigen« den *Sonntags-Club.*

Eine ganz andere neue Weichenstellung brachte dann das Jahr 1982, in dem am 9. Februar eine Tagung zum Thema Homosexualität von der *Ev. Akademie Berlin-Brandenburg* veranstaltet wurde. Als Auswirkung dieser Veranstaltung kam es dann am 25.4.1982 zur Gründung eines ersten *Arbeitskreises Homosexualität bei der Ev. Studentengemeinde* in Leipzig. An dieser ersten Veranstaltung nahmen mehr als 300 Personen teil.

Sehr viele Impulse für die emanzipatorische Arbeit und für den Aufbau weiterer Gruppen im kirchlichen Bereich gingen von dem damaligen Theologiestudenten Eduard Stapel aus. Er erreichte es auch, daß bei der Magdeburger Stadtmission eine hauptamtliche Stelle für Homosexuellenarbeit eingerichtet wurde, die dann auch von ihm besetzt wurde.

Die Anzahl der Gruppen im kirchlichen Bereich liegt heute bei über 20, das heißt, daß in den meisten größeren Städten der DDR eine solche Gruppe arbeitet. Welchen Stellenwert diese Gruppen innerhalb der Landeskirchen haben, mag damit belegt werden, daß sich verschiedene Bischöfe und Superintendenten nicht zu schade sind, in diesen Gruppen als Referenten oder Diskussionsteilnehmer aufzutreten. An allen bisher stattfindenden Kirchentagen beteiligten sich die Gruppen mit Infoständen und Diskussionen mit großem Erfolg, auch wenn die Meinungen teilweise hart aufeinander prallten. Während in den ersten Jahren fast ausschließlich das Thema Homosexualität umkreist wurde, fanden in der letzten Zeit zunehmend gesamtgesellschaftlich relevante Themen Zugang zu den Diskussionen. Die Kirchen haben somit eine entscheidende Vorreiterrolle für die schwul-lesbische Emanzipationsbewegung eingenommen, ohne die die jetzt in Gang gekommene breite Diskussion in den Massenmedien wahrscheinlich undenkbar wäre.

Von staatlichen Stellen kam hingegen über viele Jahre nur Ablehnung. Sehr häufig mit dem Hinweis auf die angeblich vorliegende Gleichberechtigung von Hetero- und Homosexuellen, und daß deshalb kein Handlungsbedarf zur Gründung von Selbsthilfe- oder Gesprächsgruppen Homosexueller vorliegt. Daß diese Meinung heute auch überlebt ist, bezeugt die Tatsache, daß sich in den letzten anderthalb Jahren eine unüberschaubare Menge von Publikationen zum Thema Homosexualität in den Medien finden läßt.

Auch etwa seit dieser Zeit bieten die FDJ und verschiedene Klubhäuser die Möglichkeit, daß sich bei ihnen schwul-lesbische Gruppen bilden.

Bei dieser im großen und ganzen positiven Tendenz darf man jedoch nicht übersehen, daß dies nur ein Anfang sein kann. Wir sind noch weit entfernt von einem normalen Umgang zwischen Hetero- und Homosexuellen.

Deutlich wird dies zum Teil im Freizeitbereich. Es gibt in der DDR keine speziellen Presseerzeugnisse für Schwule und Lesben. Die sogenannte Subkultur der Bars, Gaststätten und Diskotheken ist außer in Berlin nur spärlich entwickelt. Homosexuelle Partnerschaftsanzeigen in Zeitungen sind zwar gestattet, aber gar mancher Chefredakteur wirft sich zum Tugendwächter und Moralapostel auf und lehnt ihr Erscheinen ab. Und wenn, wie das bei der Wochenzeitung »Wochenpost« möglich ist, Anzeigen angenommen werden, ist die

Wartezeit bis zum Erscheinen bei Homosexuellen wesentlich länger als bei vergleichbaren Anzeigen Heterosexueller.

Was den Bereich Belletristik/Lyrik anbelangt, gibt es zwar einige Übernahmen von Werken ausländischer Schriftsteller, diejenigen Bücher, die von DDR-Autoren sind und sich mit Homosexualität beschäftigen, sind aber an zwei Händen abzählbar. Hier besteht also noch ein echter Nachholbedarf, zumal gerade solche Werke jungen Menschen in ihrem Coming out ein positives Selbstwertgefühl vermitteln könnten.

[1] dieses und alle folgenden Zitate Günter Graus aus: GRAU, G.: *Über die gesellschaftliche Integration homosexueller Männer und Frauen,* Niederschrift eines Vortrags, gehalten am 26.9.1987 bei der Ev. Akademie Sachsen-Anhalt in Magdeburg.

[2] MANFRED PUNGE: *Homosexuelle in der Kirche?* Beiträge der Theologischen Studienabteilung beim Bund der Evangelischen Kirchen der DDR, Reihe B, Gesellschaftliche Diakonie, Nr. 12, Berlin/DDR 1984.

[3] WHK = Wissenschaftlich-humanitäres Kommitee, die erste politische Homosexuellenorganisation in Deutschland, gegründet am 18.5.1897 von Magnus Hirschfeld.

[4] SIEGFRIED SCHNABL, KURT STARKE: *Homosexualität,* in: K. STARKE, W. FRIEDRICH: *Liebe und Sexualität bis 30,* Berlin/DDR 1984, S. 290-305.

[5] KURT BACH: *Wissenschaftliche Beiträge der Friedrich-Schiller-Universität – Psychosoziale Aspekte der Homosexualität, II. Workshop,* hrsg. von SCHMIGALLA, H., Jena 1989.

[6] GÜNTER AMENDT (Hrsg.): *Natürlich anders. Zur Homosexualitätsdiskussion in der DDR.* Pahl-Rugenstein Köln 1989.

[7] REINER WERNER: *Homosexualität. Herausforderung an Wissen und Toleranz,* Berlin/DDR 1987.

[8] GÜNTER GRAU (Hrsg.): *Und diese Liebe auch. Theologische und sexualwissenschaftliche Einsichten zur Homosexualität,* Evangelische Verlagsanstalt, Berlin/DDR 1989.

Die Partei und die Parteilosen

Gruppen und Zusammenschlüsse von Schwulen (3. Gesprächsrunde)

XX[1]: Warum hat es denn in der DDR nach der Veränderung des § 175 zum 151 zehn Jahre gebraucht, bis sich die ersten stabilen Gruppen gegründet haben? In der BRD hat das ja nach der Liberalisierung des § 175 nur noch zwei, drei Jahre gedauert.

KLAUS LAABS: Abgesehen davon, daß natürlich die politische Identität in der Situation eine ganz andere war, fehlte ein Aspekt. Das war wirklich noch ein Stalinismus, der etwas schärfer war und härter durchgriff. Dieses Jahr '73, wo nach der langen Durststrecke der 60er Jahre endlich etwas passierte. Das ist ja nicht zufällig das Jahr der Weltfestspiele in Berlin gewesen. Da sind zum erstenmal englische schwule Gruppen aufgetreten, und das war für die damalige politische Situation der Höhepunkt in der Liberalisierung, die mit der Machtübernahme von Honecker stattgefunden hatte. Dieses Festival war das totale Happening, da wehte ein ganz frischer Wind, und dann kam der große Rückschlag '76, seitdem ist es wieder bergab gegangen. 1973, das ist ganz klar davon beeinflußt worden, Stonewall war auch erst '69, und das braucht eben drei Jahre, bis es in der DDR ist.

OLAF BRÜHL: Du darfst nicht vergessen, daß es keine Versammlungsfreiheit gab, also daß es große Angst gab. Wir wollten auch damals gleich was aufbauen – es ging einfach nicht. Die Leute haben so 'ne Angst gehabt, die haben es gar nicht eingesehen, und wenn man sich an irgendjemanden gewandt hat, dann hieß das eben, ihre Sexualität sei ihre Privatangelegenheit.

OLAF LESER: Initialzündung für die Gründung dieser *HIB*[2] war meines Wissens die Ausstrahlung des Films von Rosa von Praunheim[3].

BERT THINIUS: Nein, das waren die Weltfestspiele. Rausch[4] hat bei den Weltfestspielen beispielsweise Herzer[5] kennengelernt, da ist es zu der Idee gekommen, das zu machen. Ansonsten hat es wirklich schon mit den Strukturen zu tun. Daß bis vor einem Monat alles von den Instanzen beargwöhnt wurde, was sich selbst organisierte. Das hatte immer die Gefahr, sich gegen etwas zu richten. Das waren die Strukturen, die Feindbilder brauchten, damit sie sich reproduzieren konnten, und die wurden ja auch immer geliefert.

OLAF BRÜHL: Zu jedem, der irgendwas machen wollte, ist natürlich die Stasi gekommen und hat gefragt: was wollt ihr gegen den Staat machen oder was habt ihr im Schilde? Und das war für viele nicht zu verkraften. Die haben Angst gehabt.

XX: Gab es polizeiliche Übergriffe auf Schwule? Ist euch bekannt geworden von Fällen, daß Schwule, die sich nachts an den Treffpunkten im Park treffen, von der Polizei kontrolliert oder festgenommen worden sind?

JÜRGEN LEMKE: Ausweiskontrollen und sowas – selbstverständlich.

BERT THINIUS: Ganz massive Drohungen; die wurden verhaftet – *zugeführt* heißt das exakt, für 24 Stunden irgendwo festgehalten und ähnlich behandelt wie die Leute, die am 7./8. Oktober[6] festgehalten wurden, bloß nach ein paar Schwulen hat keiner so laut gekräht.

XX: Hat sich da in den letzten Jahren etwas geändert?

BERT THINIUS: Es ist schwer zu sagen. Richtige Analysen haben wir da nicht. Das hat sich immer wieder geändert. Das ist nicht durchschaubar, nach welchem Prinzip die Polizei da aufmerksam war oder nicht. Ziemlich üblich war es, daß die Polizeiautos nachts über den Strich fahren, durch Parks und an Klappen vorbei. Es passierte eben auch (das habe ich nur gehört), daß die mit Mannschaften ankamen und die Schwulen antreten ließen, die Ausweise kontrollierten, ohne irgendwas zu machen. Aber das verunsichert natürlich, und Polizisten, die nur auf dem Strich mit Schwulen Kontakt haben, haben sicherlich dann auch eine bestimmte Einstellung zu ihnen. Razzien in Kneipen oder in Klubs sind, soviel ich weiß, nicht passiert in den letzten fünf, sechs Jahren.

XX: Gab es denn auch das Schwulenticken in Parks?

KLAUS LAABS: Ja, und zwar ganz verschärft. Mit Fahrradketten teilweise. Es hat da richtig böse Sachen gegeben. Und da hat die Polizei eine ambivalente Rolle gespielt: die Reaktion war Anfang der 80er Jahre so, daß die Schwulen aus den Parks gedrängt wurden, weil sie sozusagen ein Sicherheitsrisiko darstellten, während ich später auch Erlebnisse hatte, daß die Polizei eine Schutzfunktion übernommen hat. Das ist dann auch immer der persönlichen Willkür oder Entscheidung des Polizisten überlassen, wie er reagiert. Ich hab' mir auch aus jüngerer Zeit aggressives Verhalten von Polizisten berichten lassen oder teilweise auch beobachtet, aber durchaus auch Verhalten, was sich eindeutig gegen die Skinheads oder so richtete. Weil die natürlich Schwule aufklatschen – das passiert, das ist auch nicht weg. Vor allem, wenn man an Berlin-Friedrichshain denkt oder so.

OLAF BRÜHL: Dann gibt es natürlich die Fälle, wenn zum Beispiel Morde an Schwulen stattfanden, Schwule in Schlägereien verwickelt waren, daß die Kriminalpolizei das mitbenutzt hat, um über die gesamte schwule Szene dort *Rosa Listen* herzustellen. Da wurde dann bis ins letzte durchforscht mit dem Vorwand dieser Mordaufklärung. Da gibt es viele Geschichten. Ganz schlimme Sachen.

XX: Genau wie bei uns.

OLAF LESER: Es gab bei dem II. Workshop[7] eine Ausführung, daß die Leute, die eine Annonce aufgeben, alle katalogisiert werden.

BERT THINIUS: Das stimmt aber nicht. Ich hab' mich da bei den Redakteuren in den Zeitungen erkundigt, und die meinten alle übereinstimmend, daß es nicht stimmt, also, daß es keine Meldung gibt an irgendwelche Instanzen, und der Autor dieses Artikels ist, glaube ich, einfach nicht seriös.

KLAUS LAABS: Das Ganze hängt natürlich auch mit den großen politischen Problemen zusammen. Wenn Polizei und Sicherheitsapparat nicht demokratisch kontrollierbar sind, können sie völlig willkürlich schalten und walten. In der Hinsicht waren bei uns die demokratischen Kontrollmechanismen bedeutend geringer als in der BRD. Da haben wir jetzt den entscheidenden Knackpunkt erwischt in der gegenwärtigen Umbruchsphase, weil wir da eine demokratische Kontrolle herstellen wollen. All die Dinge, die es bei euch schon gibt – die Frage ist, wie weit sie umgesetzt sind – Datenschutz usw. – waren zum großen Teil nicht mal thematisiert, die durften ja – gerade was Kritik an der Staatssicherheit oder Polizei betraf, die ist ja nie öffentlich gemacht worden. Deshalb bricht das jetzt mit so einer vehementen Gewalt hervor.

JÜRGEN LEMKE: Auf die Frage, warum sich in der DDR nicht vorher Gruppen etabliert haben: sicherlich auch sehr unterschiedlich, aber wir wurden in einer Situation gehalten, wo man sehr viel Mut hätte aufbringen müssen, wenn man wie ich Mitglied der SED und an so einer großen Bildungseinrichtung ist, dann gibt es ungeheuer viele Mechanismen, einen zu disziplinieren.

Ich habe bis vor zwei Jahren ständig unterschrieben, daß ich keinerlei Kontakte mit Bürgern aus dem westlichen Ausland habe, habe das allerdings unterlaufen; Ergebnis war ein schlechtes Gewissen. Ich muß den Studenten die Anordnung mitteilen, daß sie keinerlei Besuche machen dürfen in dem in Berlin eröffneten französischen Kulturzentrum. Ich wußte aber, daß alle Angehörigen des Außenhandels, also in Außenhandelsbetrieben, die gleiche Anordnung befolgen sollten. Und so fragen dann Studenten, das kann doch nicht sein; dann hat man auch liberalere Vorgesetzte, die sagen: »Ja sagt doch irgendetwas, die dürfen nicht« oder: »Die sollen sich nicht erwischen lassen« oder so. So ist das also aufgeweicht worden in den letzten Jahren. Man hat es gemacht und den Studenten ein bißchen ironisch gesagt: »Naja, haltet euch man nicht so dran« – und trotzdem wurde unterschrieben. Wir haben die Unterschrift gegeben – und das Ganze erzeugt einen furchtbaren Zustand in einem. So wird diszipliniert, und so leistet man dann auch Folgschaft. Jetzt habe ich ein Gespräch gehabt mit dem Chef des Kulturzentrums und fragte, ob sie das wußten. Na klar, sie hatten davon gehört.

Auch Polizisten hatten keine klaren Anweisungen. Nach eigenen Befindlichkeiten sind die mit den Schwulen umgesprungen. Ich habe mit einem Schwulen gesprochen, der ist so um die 25, sein Vater ist in der Polizei in Friedrichshain, also genau in diesen Zentren. Der sagte, das kam eben vor, daß die Polizisten einfach mal durchgegangen sind und geguckt haben, Taschenlampe an und in den Toiletten: »Na, seid ihr schon fertig« oder: »Ihr Säue« oder so, aber ganz berlinerisch: »So jetzt kommt mal raus hier« – auf diese Weise. Es ist so unterschiedlich, es gab keine klaren Anweisungen, und jetzt wird es die klare Anweisung geben, daß man Beschwerde einlegen kann, daß man gehört wird.

OLAF LESER: Nur, wer traut sich?

GÜNTER GRAU: Ich will das nicht übermäßig strapazieren, ich finde die Frage trotzdem sehr interessant. Anfang der 80er Jahre setzte ja unter diesen repressiven Bedingungen, die du gerade beschrieben hast, eine Selbstorganisierung ein. Das ist schon unheimlich spannend gewesen, weil für eine Gruppe, also für die Minderheit von uns Homosexuellen, ein Stück an Individualität, auch ein Recht auf Individualität, eingefordert wurde. Das ist nach wie vor ein politischer Vorgang, der bestimmt wert ist, darüber nachzudenken, wodurch das möglich wurde, auch wenn es von den aktuellen Ereignissen in den Hintergrund gedrängt wird. Für die Geschichte unserer Bewegung ist dies eine sehr wichtige Etappe und schon des Nachdenkens wert, wie ist das eigentlich in Gang gekommen? Warum ist es in der Kirche passiert? Was hat es für die Schwulenbewegung bedeutet?

KLAUS LAABS: Dann darf man vielleicht auch nicht diesen gegenläufigen Effekt vergessen, der in den 80er Jahren im Zusammenhang mit AIDS eingetreten ist. Das Problem der Klappen wird in der DDR so gelöst, daß sie zugemauert werden, wenn irgenwie bekannt wird, irgeindein Pissoir ist zur Klappe geworden – gerade Schönhauser Allee, das war ja mal das Zentrum der DDR. Da, auf dem Parkplatz und so, war ein großer Treffpunkt. Ist halt dieses alte, administrative Ding, was überall drinsteckt.

OLAF LESER: Ich arbeite seit Gründung der *ELSA* (steht für *Erfurter Lesben- und Schwulen-Arbeitskreis*) dort mit, in der Leitung, habe die Gruppe auch mitgegründet. Die Gruppe hat sich als Aufgabe gestellt, Anlaufpunkt für Schwule und Lesben zu sein, einen Freiraum zu gewinnen, in dem ungehindert schwules und lesbisches Leben partiell möglich ist. Wir haben 30-50 Teilnehmer, treffen uns alle 14 Tage; wir haben eine seit einem Jahr separat laufende Lesbengruppe. Das hängt mit der Entwicklung zusammen, die sich auch bei uns schon vollzogen hat – daß sich die Lesben separieren und ihre eigenen Probleme alleine ausfechten; ich finde das auch vollkommen legitim. Nach außen sind wir relativ wenig wirksam; das liegt daran, daß unser Handlungskreis so gestaltet ist, daß die meiste Arbeit doch an mir hängenbleibt, daß meine zeitlichen Kapazitäten auch beschränkt sind. Zusammenarbeit mit anderen Gruppen gibt es: einen Mitarbeiter in der Koordinierungsgruppe, die sich einmal im Quartal trifft und wo unsere Vorstellungen von Schwulenarbeit einfließen. Die Koordinierungsgruppe ist eine Gruppe, wo zumindest von allen kirchlichen Gruppen ein Vertreter drinsitzt; von den nichtkirchlichen Gruppen sind nicht alle vertreten, ich glaube, *Courage* ist nicht drin und ...

GÜNTER GRAU: Außer *Courage* alle.

OLAF LESER: Da werden bestimmte Projekte vorgeschlagen, bestimmte

Richtungen für die Arbeit. In der Vordenkergruppe ist von uns (*ELSA*) allerdings niemand drin, in der schwulen intellektuellen Elitegruppe. Und wir haben sicherlich auch niemanden, der da mitarbeiten könnte.

RAINER MARBACH: Wie oft tagt die, wo? Was habt ihr für ein Selbstverständnis?

OLAF LESER: Dazu kann Günter etwas sagen. Da kann ich nichts zu sagen. Da kann und will ich nichts zu sagen.

GÜNTER GRAU: Ich glaube nicht, daß unser Selbstverständnis das einer Elitegruppe ist. Offiziell nennt sie sich *Theoriegruppe,* und dahinter steht ein ganz praktisches Bedürfnis, nämlich für politische Zielstellungen der Schwulenbewegung Vorarbeit zu leisten. Die Theoriegruppe tagt einmal im Vierteljahr. Dazu gibt es auch Positionspapiere; das letzte ist als Vorbereitung auf das Mitarbeitertreffen aller Schwulen- und Lesben-Gruppen in Karl-Marx-Stadt enstanden, für die sogenannte *Karl-Marx-Städter Plattform*[8]. Eine Elitegruppe wollen wir nicht sein; aber es gibt eben Leute bei uns, die sich – sei es nun als Wissenschaftler oder beruflich – beispielsweise mit Fragen der Theoriebildung über Sexualität und Homosexualität beschäftigen; andererseits gibt es beispielsweise die in der Gruppe vertretenen lesbischen Frauen, die sehr stark in der lesbenpolitischen Bewegung integriert sind. Alle haben das Bedürfnis, Erfahrung zu verallgemeinern und zur Diskussion zu stellen. Ich glaube, so etwas gibt es auch in der BRD. – Es ist eine informelle Gruppe.

XX: Aber mit Vertretern aus allen Schwulengruppen?

GÜNTER GRAU: Nein, aber es sind alle angesprochen, es ist keine geschlossene Gruppe, es kann jeder rein, aber am Ende hat sich ein »harter Kern« herausgebildet, das sind so zwischen acht und zehn Personen.

XX: Noch eine Rückfrage: Diese Theoriegruppe, ist das eine Art Vordenkergeschichte? Wie funktioniert das im Zusammenhang mit der restlichen schwulen Infrastruktur in der DDR?

GÜNTER GRAU: Die Gruppe ist entstanden aus ganz praktischen Bedürfnissen. Es gibt einmal im Jahr ein *zentrales Mitarbeitertreffen,* und dazu muß eine Vorbereitung geleistet werden, also: was soll diskutiert werden, was soll verabschiedet werden, welche Fragen sollen besprochen werden. Oder: Es ist aus der Gruppe heraus angeregt worden, sich mit der Geschichte der Schwulenverfolgung im Faschismus zu beschäftigen. Es hat Aufträge gegeben, an staatliche Archive heranzutreten, zu sagen: Öffnet die Akten, wir können ein paar Leute vorschlagen, die fähig und in der Lage sind, sie aufzuarbeiten. Oder: Wir legen zweimal im Jahr Kränze nieder in den Gedenkstätten der ehemaligen Konzentrationslager, und jetzt gibt es – auch aus der Theoriegruppe geboren – die Initiative, eine Tafel anzubringen zum Gedenken der Rosa-Winkel-Häftlinge in Buchenwald, Ravensbrück und Sachsenhausen. Dazu muß natürlich auch Vorarbeit geleistet werden, das heißt, es muß mit dem Komitee der Widerstandskämpfer, mit dem Verband der bildenden Künstler gesprochen werden, das Ganze muß finanziert werden. Das sind sehr konkrete Projekte. Die Gruppe trifft sich mal in Berlin, mal in Magdeburg, mal in Leipzig.

XX: Das hat also den Charakter einer Dachorganisation?

GÜNTER GRAU: Nee, überhaupt nicht.

KLAUS LAABS: Das ist ein demokratisch nicht legitimierter »Rat der Weisen«.

OLAF LESER: Mittlerweile schon demokratisch legitimiert.

KLAUS LAABS: Ja, durch seine Arbeit legitimiert. Da sind einfach die Leute drin, die durch Papiere usw. immer die sind, die was tun über einen langen Zeitraum.

OLAF LESER: Die arbeiten auch im Auftrage des *Mitarbeitertreffens*.

GÜNTER GRAU: Das *Mitarbeitertreffen*[9] ist nicht exklusiv für kirchliche Gruppen. Die staatlichen sind schon eingeladen worden, aber die haben sehr großen Wert darauf gelegt, sich zu distanzieren, zu sagen: »Mit denen wollen wir nichts zu tun haben.«

OLAF LESER: Nicht alle.

GÜNTER GRAU: Naja, aber die Mehrheit. Dieses Verhältnis Kirche und Staat spielt ja eine große Rolle. Aber offen war es schon; in Karl-Marx-Stadt war alles vertreten, auch die AG *Courage*. Ihre Vertreter haben die Papiere zwar mit diskutiert, dann aber bei der Abstimmung gesagt: »Wir haben ›Gästestatus‹ – das wollen wir nicht.«

XX: Was ist *Courage* für eine Gruppe?

GÜNTER GRAU: Schade, daß niemand hier vom *Sonntags-Club* ist, die könnten das sehr viel besser sagen. Das ist eine Gruppe, die sich (so wie ich es wahrgenommen habe) separiert hat vom *Sonntags-Club*, weil sie mit seiner Strategie und Arbeit nicht einverstanden war, nähere Gründe weiß ich nicht. Es war für mich ein sehr unerfreulicher Vorgang, weil die Leiterin in einem offenen Brief politisch denunziert wurde. Man hat dann gesagt (es waren sechs Männer, die das im wesentlichen betrieben hatten): »Wir als Mitglieder der SED wissen, wie Schwulenarbeit richtig zu machen ist«, und die gründeten sich neu als *Arbeitsgemeinschaft Homosexualität Courage*. Sie haben Strukturen zu benutzen gewußt – vor allem den Zentralrat der FDJ – und auf dem Pfingsttreffen der FDJ im letzten Jahr auch erstmalig einen Stand gehabt. Sie haben ein Café in Berlin, haben auch in der *Berliner Zeitung* und zwei anderen Zeitungen ihre Arbeit vorgestellt, aber immer mit dem Anspruch, daß sie sozusagen *ex cathedra*[10] für alle Schwulen der DDR sprechen. Es hat uns – ich kann nur für mich sprechen – es hat mich maßlos empört, weil unsere bisherige Arbeit ignoriert wurde, und vor allen Dingen, weil den Kirchengruppen vorgeworfen wurde, sie leisteten subversive Arbeit, seien gegen den Sozialismus. Deshalb hat es auch viele Konflikte gegeben. Deshalb ist auch sehr viel Emotionales mit im Spiel, wenn wir uns treffen. Aber da müßt ihr mich ergänzen, wenn ich etwas Falsches gesagt habe.

KLAUS LAABS: Du sagst es noch sehr harmlos. Das ist das Trojanische Pferd in der Schwulenbewegung in der DDR, das ist der Versuch des Staates, die Sache von innen zu knacken und umzufunktionieren. Deren Hauptanliegen ist nicht die Emanzipation, sondern nur die Integration ist interessant, nämlich: wie kriegen wir die plötzlich aufmüpfig werdenden Schwulen und Lesben wieder in unsere alten Strukturen? Dieser Klub ist der konzentrierte Ausdruck der alten stalinisischen Strukturen, die wir jetzt gerade knacken.

N.N.: Das ist nur die halbe Wahrheit. Das ist das Denken, daß der Staat irgendwo intelligent war. Das hat sich mir anders mitgeteilt. Das Faszinierende an *Courage* – und die Gründung hab' ich ja mitgekriegt, wir waren damals sendungsmäßig am *Sonntags-Club*. Auf einmal hat immer einer von links gesagt: »Ey, wir wollen auch rein in die Sendung«. Das waren sechs Funktionäre, was ja fantastisch war: so stalinistische Parteifunktionäre oder Jugendfunktionäre, die sich einfach mal getraut haben, natürlich mit 'nem ganzen Zacken von stalinistischer Angst, sich ein kleines Stück zu emanzipieren und zu sagen: »Wir sind schwul, wir wollen eine eigene Gruppe bilden.« Natürlich auch mit dem Dankbarkeitsphänomen: aus lauter Dankbarkeit wollen wir aber auch besonders opportun sein gegenüber der Obrigkeit. Also Versprechungen auf der einen Seite: wir sind die lieben Schwulen, die dem Staat keinen Ärger machen; wir übernehmen auch 'ne Funktion, ein bißchen in der Szene für Ordnung zu sorgen. Aber ich würde ihnen ein ehrliches Anliegen unterstellen innerhalb der Möglichkeiten, die sie für sich personell hatten. Da ist ein Leitender Mitarbeiter der Jugendhochschule des FDJ-Zentralrats drin. Der hat natürlich tolle Verbindungen und konnte auch 'ne Menge machen. Wir sind da schon in dem Bereich, der sich mir als Außenstehendem unangenehm mitteilt. *Courage* wird pausenlos angeknattert und angeknallt. Das ist einfach nicht schön, weil die haben genauso 'ne Funktion wie der *Sonntags-Club*. Sie decken einfach auch andere Mitglieder ab. Für schwule Kommunisten find' ich das schon nicht verkehrt, auch 'ne eigene Gruppe zu haben und nicht mit der Kirche zusammenzusitzen.

JÜRGEN LEMKE: Ich habe sehr wenige Kontakte zu *Courage* und fand es zunächst wirklich legitim, daß sich der auch mitgliedermäßig große *Sonntags-Club* teilt. Aber – es ist schon gesagt worden – was mich gestört hat und was sicherlich Günter und andere noch gestört hat, das war diese Selbstgefälligkeit. Und zwar haben sie irgendwo eine Selbstgefälligkeit der Partei gegenüber den Parteilosen, die generell in der DDR extrem zu spüren und zu merken war, gegenüber den anderen Schwulengruppen wirken lassen. Das ist etwas, was nicht geht. Wo man sich dann eben auch gefallen lassen muß, daß man angegriffen wird, auch emotional angegriffen. Da wunderten sie sich. Du hast ja auch schon gesagt: diese alten stalinistischen Strukturen haben sie voll übernommen. Im Bewußtsein sind das sehr intelligente Leute: im Bewußtsein, auf diese Weise setzen wir Stärksten uns durch. Gewissermaßen stimmte das ja.

RAINER MARBACH: Soweit zu *Courage*. Jetzt zur *RosaLinde*.

LUTZ MÖBIUS: Ich komme doch nochmal auf *Courage* zurück, ganz einfach, um die Kurve zu kriegen auf das FDJ-Pfingsttreffen 1989. Das war toll: das war der erste Stand vom Gesundheitszentrum, ein Provisorium, geschickt gemacht, weil es eine Schleuse war, wo jeder, der da kam, erstmal an den Schwulen und Lesben vorbeimußte. Das war der Stand mit den meisten Besuchern, und zwar kein reiner *Courage*-Stand (auch wenn das das größte Zeichen war, das da dran war). Wir haben das genutzt, soweit die Gruppen da waren; sehr aktiv war da auch *HIP*[11] und *RosaLinde*. Insofern haben wir schon von uns aus gesagt, wenn wir als Leipzig-Gruppen in Erscheinung treten, dann bittschön komplett, als FDJ-Gemeinschaft, wenn es das FDJ-Jugendtreffen war. – Zur Zusammenarbeit *RosaLinde – Arbeitskreis Homosexualität:* wir haben in Leipzig diese Berührungsängste, die möglicherweise woanders bestehen/bestanden, nicht. Ich denke an Weimar, diese Frage, machen wir die Ehrung im KZ Buchenwald gemeinsam oder getrennt, wobei es ja schließlich dann doch noch getrennt lief, wo wir dafür plädiert haben, es gemeinsam zu machen. Wir sind fast alle aus dem *Arbeitskreis Homosexualität* gekommen und haben jahrelang dort mitgemacht oder Veranstaltungen besucht. Wir gehen sowohl noch zum Kirchenarbeitskreis, als die auch zu uns kommen. Wir hatten jetzt erstmals eine Gemeinschaftsveranstaltung mit dem Arbeitskreis, als die *DeLSI*[12] Münster bei uns zu Besuch war. Das ist eine Möglickeit, um diese Trennung – die ja durchaus existiert – zusammenzuführen. Die Punkte, die uns gemeinsam interessieren, auch gemeinsam zu behandeln.

Das *MitarbeiterInnentreffen der Arbeitskreise Homosexualität* ist auch eine Möglichkeit der Zusammenarbeit der Arbeitskreise und staatlicher Klubs. *RosaLinde* war vertreten und hat einige Grundsätze vorgetragen, die in Kurzform so lauten, daß *RosaLinde* nicht unter bestimmte kirchliche Instanzen fällt, was meiner Ansicht nach verständlich ist, daß es keine »allgemeine Verbrüderung« geben soll, sondern konkrete sachbezogene Zusammenarbeit und daß bei jedem Projekt (also was gemeinsame Sache sein soll) die Zustimmung der ganzen Gruppe *RosaLinde* notwendig ist. Das wurde, wie's hier steht, von den kirchlichen Arbeitskreisen akzeptiert. Weiter steht hier, daß seitens der Arbeitskreise nur allgemeine Statements, sehr affektgeladen, abgegeben wurden; das Verhalten einiger *Courage*-Vertreter wurde generalisiert auf alle staatlichen Gruppen bezogen. Wir suchen durchaus die Zusammenarbeit mit der Kirche, wo das möglich ist, haben auch keine Ängste.

[1] Bei Abschrift der Gesprächsrunden wurden aus rechtlichen Gründen nur die Beiträge der DDR-Gäste und der Organisatoren des Treffens mit Namen versehen. Bei allen anderen Wortbeiträgen von Teilnehmern aus dem Westen steht XX.

[2] *HIB = Homosexuelle Initiative Berlin,* s. auch Olaf Leser: *»Homosexuelle in der DDR«* in diesem Band, S. 39.

[3] *»Nicht der Homosexuelle ist pervers, sondern die Situation,in der er lebt«* (am 3.7.1971 uraufgeführt, am 15.1.1973 in der ARD mit Ausnahme von Bayern ausgestrahlt) war der Anstoß für die jüngere BRD-Schwulenbewegung.

[4] Peter Rausch war 1973 Initiator der *»Homosexuellen Interessengemeinschaft Berlin« (HIB).*

[5] Manfred Herzer, einer der Aktivisten der *HAW (Homosexuelle Aktion Westberlin).*

[6] 7.10.1989: 40-Jahr-Feier der DDR, Massendemos für politische Reformen in vielen Städten und für DDR-Verhältnisse brutale Polizeieinsätze. Der angeordnete Einsatz von Panzern konnte von einigen Leipziger Prominenten verhindert werden. Die Demos waren der letzte Auslöser für die rasanten Veränderungen der nächsten Wochen.

[7] »II. Workshop zu psychosozialen Aspekten der Homosexualität«, April 1988 in Karl-Marx-Stadt. S. auch OLAF LESER: »Homosexuelle in der DDR« in diesem Band, S. 39.

[8] *»Für Anerkennung und Gleichberechtigung von Lesben und Schwulen«,* in diesem Band, S. 137.

[9] der (kirchlichen) *Arbeitskreise Homosexualität.*

[10] mit unfehlbarer Autorität.

[11] *HIP = Homosexuelle Initiative Potsdam.*

[12] *DeLSI = Demokratische Lesben- und Schwuleninitiative der BRD.*

Lutz Möbius

Schön grell und bunt – aber nicht nur

Zur Geschichte des FDJ-Schwulenklubs »RosaLinde«

Ich selber bin seit Sommer 1988 langsam in die Gruppe reingewachsen, als es darum ging, daß *RosaLinde* endlich offiziellen Status, offizielle Ankündigungen erhalten sollte. Die Gruppe selber, der harte Kern, hat sich bereits 1987 zusammengefunden und seitdem versucht, in Leipzig außerhalb der Kirche etwas auf die Beine zu stellen. Das lief über Privatinitiativen, Jugendklubs und Klubleiter: die FDJ wurde also angesprochen. Es gab immer – soweit ich das zurückverfolgen kann – eine allgemeine formale Zustimmung: ja, wir brauchen das. Die FDJ hat auch einmal formuliert, ihr würden eine ganze Menge Mitglieder verlorengehen, wenn sie die Schwulen und Lesben nicht beachtete. Es gab also diese allgemeine Zustimmung – sagen wir – von ganz oben, aber dann wurde das in den Stadtbezirken oder im Rat der Stadt immer von irgendwem (konkret: von der SED) verhindert. Es gab schon im Frühjahr '88 und dann doch erst im Herbst '88 feste Termine, feste Verträge, um eine Eröffnungsveranstaltung zu machen. Das wurde immer wieder aus fadenscheinigen Gründen abgeblockt und verhindert. Die Gruppe erhielt keine offiziellen Arbeitsmöglichkeiten, sodaß wir gezwungen waren, nur in privaten Kreisen, 10-15 Mann, über'n grünen Tisch zu bereden, was wir für Möglichkeiten haben, uns weiter zu beschweren.

Endlich, im November '88 dann, gab es eine Zusammenkunft mit Vertretern der Stadt, das ging bis hin zu Vertretern der Staatssicherheit und vom Zentralrat der FDJ, nachdem der 1. Sekretär des Zentralrates, Eberhard Aurich, im Herbst

'88 ein Schreiben an uns geschickt hatte: er sei dafür, daß *RosaLinde* bestehen soll. Damit kam endlich das grüne Licht von ganz oben, diesmal sehr verbindlich. Das war sozusagen unser Gründungsdatum: 17. November 1988, sodaß die *RosaLinde* ab Januar 1989 dann offiziell arbeiten konnte und in die Öffentlichkeit getreten ist. Mit diesem Eintreten in die Öffentlichkeit kamen auch die ersten Probleme, denn: was wollten wir eigentlich? Das, was bis dahin nur Theorie und Papier war, mußte nun effektiv in die Tat umgesetzt werden. Dazu kam, daß wir den Status einer Arbeitsgemeinschaft erhalten haben und nicht den eines eigenständigen Jugendklubs, den wir angestrebt hatten – das ist insofern bedeutsam, als wir dadurch einfach an einen anderen FDJ-Jugendklub angebunden wurden. »Arbeitsgemeinschaft« war in der DDR bisher nur so zu verstehen: das war ein Zeichenzirkel, Strickzirkel ... irgendwas, wo sich Leute in kleinen Gruppen einmal in der Woche nachmittags zusammengefunden haben, um was zu basteln oder so. So einen Status haben wir erhalten, waren dem Jugendklub also unterstellt. Wir hatten allerdings das Glück, daß die Leute dieses Klubs über private Bekanntschaften und Kontakte soweit über uns informiert waren, daß wir trotzdem von Anfang an die Arbeit eines Jugendklubs leisten konnten. Jetzt besteht die Chance, ab 1990[1] Jugendklub zu sein.

Unsere Arbeiten: Das erste Jahr war so, daß wir in erster Linie durch verschiedene Veranstaltungen an die Leute herangetreten sind, von Anfang an so formulierten, daß das nicht ausschließlich Schwule und Lesben sind, die zu unseren Veranstaltungen kommen können und sollen. Wir arbeiten im »Haus der Volkskunst«, in den Räumen eines ehemaligen Kabaretts, mitten in der Stadt, für jeden sichtbar, zentraler Platz, wir machen vorwiegend Kulturangebote – das bezieht sich auf das, was hier mehrfach angesprochen wurde, daß wir politisch wenig wirksam geworden sind – zumindest nach außen – und vor allem kulturelle Angebote machen, die jeden interessieren. Das Programm geht von Kabarett über den Dokumentarfilm *Die andere Liebe*[2], der damals noch nicht in den Kinos laufen konnte, Veranstaltungen (beispielsweise über »Männer mit dem rosa Winkel«, »London is pink«, zu Magnus Hirschfeld) bis hin zu einem Sommerfest zum Kennenlernen, um das Unterhaltungsbedürfnis abzudecken.

Wir haben das erstmals benutzt, um den ersten Mai ein bißchen anders zu gestalten: »Rot ist der Mai, wir sind dabei« – eigentlich eine blöde Losung, aber die Veranstaltung an sich war toll. »Demoschoppen zum Kämpfen und Feiern«. Wir haben draußen vor das Haus eine große Werbetafel gestellt, schön grell und bunt. Das war ähnlich wie beim Sommerfest, wo die Leute aus der

Stadt kamen, über'n Platz gingen und jeder sah, hier ist irgendwas und reingeströmt sind. Das Publikum: richtig schön bunt und nicht bloß szenemäßig. Es war unheimlich interessant, es gab da auch überhaupt keine Berührungsängste. Viele sind erstmal bloß reingestürzt und geblieben, obwohl sie dann merkten: dort verkehren Schwule und Lesben, da küssen Männer Männer und Frauen Frauen. Für die war es plötzlich notwendig, sich zu entscheiden, entweder ich geh' wieder oder ich bleibe und bin mittendrin. Die standen dort eng und dicht an der Bar, Disko, es war alles bunt durcheinander. Ich glaube, insofern haben wir schon dazu beigetragen, den natürlichen Prozeß einzuleiten.

Wie schon gesagt, sollen wir ab 1990 den Status eines Jugendklubs bekommen. Wir hatten eine erste Zusammenkunft mit dem Stadtrat für Kultur der Stadt Leipzig, die sind sehr interessiert – wobei wir hellhörig wurden, als sie uns so schnell ihre Zustimmung gaben. Neue Politik oder Effekthascherei? Wir haben Angst, mißbraucht zu werden, uns zu beruhigen und alles in den Unterhaltungssektor drängen zu lassen, zu entpolitisieren. Dieser Gefahr sind wir uns ständig bewußt. Wir müssen feststellen, daß wir bisher nur Kultur, Unterhaltung, Amüsement geboten haben, das ist alles gut und schön, aber das ist bisher das einzige. Ich weiß nicht, ob dieses Konzept noch aufgeht, wir machen anderthalb bis zwei Stunden Vortrag, Musik oder irgendwas, machen dann noch ein bißchen Bar, dann geh'n wir alle wieder schön nach Hause und hatten einen schönen Abend. Wenn wir jede Woche eine Veranstaltung machen wollen und diesen Klubabend, ist zu überdenken, inwieweit dann eine Sättigung des Unterhaltungsbedürfnisses erreicht sein würde.

Zu unserem neuen Programm, das erarbeitet wurde, kann ich jetzt nichts Konkretes sagen, ich habe es nur flüchtig überlesen. Wir haben wieder hauptsächlich Kultur anzubieten; die aktuelle Entwicklung ist da noch nicht eingeflossen. Ich geh' aber davon aus, daß die Beteiligung an Demonstrationen in Leipzig ein erster Schritt sein wird, weiter in die Öffentlichkeit zu gehen und nicht mehr bloß in unserem *Brett'l* (so heißt das Cabaret, wo wir sind) zu hocken und schöne Kultur zu machen, Bar zu machen, die Leute zu unterhalten.[3]

[1] *RosaLinde* erhielt am 16.11.1989 den Status eines Jugendklubs, also zwei Tage vor Möbius' Vortrag.

[2] »Aufklärungsfilm« über Homosexualität des Deutschen Hygienemuseums in Dresden, 1989.

[3] S. Veranstaltungsprogramm 1/90 von *RosaLinde* in diesem Band, S. 155.

Kai Werner

Die Schwulengruppe »Gerede«[1] in Dresden

Dresden hat ungefähr eine halbe Million Einwohner. Es ist eine verschlafene Großstadt mit Kleinstadtatmosphäre. In Bezug auf schwule Subkultur ist nicht viel los. Es gibt ein Café und diverse Cruising Areas (wie mann die Orte so schön nennt).

Deshalb bildete sich 1983 der *Kirchliche Arbeitskreis Homosexualität* als eine Art Selbsthilfegruppe für Schwule und Lesben. Mich störte an dieser Gruppe nicht die kirchliche Anbindung (solche Gruppen waren zuerst nur bei der flexibleren Evangelischen Kirche möglich, deren Strukturen nicht so erstarrt waren wie die staatlichen), sondern, daß wir nur einen kleinen Teil von Leuten (vor allem durch Mundpropaganda) erreichten; eine offensivere Öffentlichkeitsarbeit war durch das Feuer-Wasser-Verhältnis zwischen Kirche und Staat nicht möglich. Die Funktion der ersten Dresdner Gruppe beschränkte sich darauf, Selbsthilfegruppe und Freiraum für Lesben und Schwule zu sein. Deshalb begann ich 1985 mit Verhandlungen mit dem Rat des Bezirks Dresden. Von Dresden ging vorher schon mal die Initiative für »Klubs für Alleinstehende« aus, Orte des Kennenlernens für alleingelassene ältere Heteros. Warum nicht also auch Klubs für Schwule und Lesben?

Im März 1987 kam es zu den ersten Veranstaltungen, mit dem Alternativ-Klub *Scheune* hatten wir Freunde gefunden, die unser Vorhaben aktiv unterstützten. Seit dieser Zeit führen wir verschiedene Veranstaltungen durch: einmal Tanzveranstaltungen (es hat sich in Dresden bisher niemand bereitgefunden, Diskos für Schwule und Lesben zu organisieren, so bleibt dabei schon ein großer Teil unserer Kraft hängen), weiterhin eine Gesprächsgruppe, eine Art Alternativ-Café sowie monatliche thematische Vorträge. Eins unserer Probleme ist das Raumproblem. In Dresden kommen auf 1000 Jugendliche 70 Jugendklubplätze, die Kapazitäten an Räumlichkeiten reichen nicht, und wir als Schwule kommen da meistens hintenran. So sind wir jetzt auf der Suche nach Räumen für ein zukünftiges Dresdner Schwulenzentrum.

Mit »wir« meine ich die Leitung von *Gerede*. Es gibt bei uns keinen Leiter, sondern eine Leitungsgruppe, die sich aus VertreterInnen der einzelnen Arbeitsgruppen (Veranstaltungen, Öffentlichkeitsarbeit, AIDS, Finanzen, Post und Telefon) zusammensetzt. Seit diesem Jahr sind wir ein ehrenamtlich geleiteter Jugendklub, bis Oktober 89 noch zur FDJ gehörig, doch die FDJ interessierte uns vor allem als Geldgeber und als Institution zur Durchsetzung unserer Interessen, ideologisch schwimmen wir nicht auf deren Wellenlänge. Angegliedert sind wir unserem Träger, dem *Zentralen Klub Scheune,* vorher als Arbeitsgruppe, jetzt als selbständiger Klub. Die *Scheune* selbst ist dem Rat der Stadt Dresden direkt untergeordnet. Sie übernimmt die Finanzierung unserer Öffentlichkeitsarbeit und der Veranstaltungen.

Einer der großen Vorteile der nichtkirchlichen Gruppen besteht in der besseren Öffentlichkeitsarbeit. Wir haben Zugang zu den Medien, wie Zeitschriften, Rundfunk, können für unsere Veranstaltungen im monatlichen Infomaterial aller Dresdner Jugendklubs oder an Litfaßsäulen werben. Wir arbeiten in regionalen Vereinigungen der Jugendklubs mit (Stadtarbeitsgruppe Klubs), können da unsere Interessen durchsetzen.

Angelaufen ist unsere Telefonberatung, die erste ganz spezielle für Lesben und Schwule in der DDR. Weiterhin gibt es zwei Arbeitsgruppen und eine öffentliche Bibliothek mit internationaler Literatur. Überregional beteiligen wir uns an zwei Projekten: der Koordinierungsgruppe der Kirchlichen Arbeitskreise (und damit dem Mitarbeitertreffen der Arbeitskreise) und dem *Forum Homosexualität und Gesellschaft,* einem zweimonatlichen Treffen vor allem der nichtkirchlich organisierten Gruppen. Mitte 1989 gab es in Potsdam einen Workshop aller staatlichen Gruppen, wo über Forderungen diskutiert wurde und auch ein gemeinsames Papier mit unseren Wünschen für den Zentralrat der FDJ erstellt wurde. Die FDJ ist die einzige Massenorganisation, die sich zum Thema Homosexualität geäußert hat, während andere (SED, FDGB, Kulturbund) dazu keine Meinung hatten.

Der Kirchliche Arbeitskreis wird sich durch die Existenz von *Gerede* mehr profilieren können, das wird vor allem in Richtung Frauen- und Lesbenarbeit erfolgen. So war der Kirchliche Arbeitskreis einer der Initiatoren eines Frauencafés in Dresden.[2]

Nachfragen

XX[3]: Das Papier vom Juli: war das so intern an die FDJ-Organisation gerichtet, oder hatte das den gleichen Charakter wie dieses kirchliche Papier vom Juni?

KAI WERNER: Es hatte allgemeinen Charakter, als Diskussionsgrundlage in den Gruppen.

XX: Aber ihr haltet es bewußt noch zurück?

KAI WERNER: Nein, es ist aber noch nicht in den Gruppen diskutiert worden. Wir wollen das erst diskutieren und dann veröffentlichen. Außerdem ist es auch ein Forderungskatalog an die Institutionen.

XX: Kannst du ein paar Unterschiede zu dem kirchlichen Papier benennen?

KAI WERNER: Es gibt wenig Unterschiede. Wir stützen uns eigentlich auf dieses Papier, nur die Adressaten sind unterschiedlich.

XX: Ich habe diese Organisationsstruktur noch nicht kapiert. Du hast gesagt, eine der Schwierigkeiten ist, daß es nur ca. siebzig Jugendklubplätze gibt. Das hätte ich gern nochmal erklärt. Wie läuft das?

KAI WERNER: Es ist eine Raumfrage. Du kriegst kaum noch was als Jugendklub. Deshalb sind wir auch ein Jugendklub ohne Räumlichkeiten. Das ist eine unserer Hauptschwierigkeiten, Räume zu organisieren.

XX: Was hat so ein Jugendklub für einen offiziellen Stellenwert? Ist das vergleichbar mit unseren eingetragenen Vereinen? Wie sind da die Konsequenzen, positiv oder negativ?

KAI WERNER: Ein Hauptfaktor ist, daß die FDJ die Jugendklubs finanziert.

XX: ... also muß sich tatsächlich jeder Jugendklub melden, das ist staatlich vorgeschrieben?

KAI WERNER: Es gibt da ja dieses Jugendklubgesetz.

N.N.: Jugendklubs arbeiten auf nichtkommerzieller Basis, verkaufen alles zum Einkaufspreis. Es gibt keinerlei Zuschläge. Das ist 1973 ausgedacht worden: damals entstanden zusammen mit den Weltfestspielen plötzlich überall Jugendklubs, um der Jugend der Welt zu zeigen, daß wir auch ein Land sind, wo Disko gemacht wird. Damals wurde in der DDR die Disko eingeführt, DJs ausgebildet. Das fing alles so an, auch wieder typisch für uns: nicht um der eigenen Jugend was zu bieten oder Möglichkeiten zu schaffen, sondern um zu zeigen, was wir alles draufhaben – mit dem angenehmen Nacheffekt, daß das ja blieb und weiter ausgebaut wurde. Die Jugendklubs kriegen über den Kulturfonds Gelder, um Künstler einzukaufen, was lange Zeit auch für die ganzen nichtoffiziell arbeitenden Künstler 'ne Lebensquelle war, weil da eben Gelder möglich waren, um in Klubs aufzutreten. Das wurde im vergangenen Jahr stark reduziert, im Zusammenhang mit sozialen und kulturellen Streichungen (die es ja auch bei uns gab), aber die DDR-Jugendklubs haben praktisch die materielle Basis, die haben eigentlich normalerweise auch Räume. Da sind die Schwulenklubs 'ne Ausnahme, die rumtanzen müssen. Jugendklub heißt eigentlich immer: gut ausgestattete Räumlichkeiten mit finanzieller Unterstützung und bis zu zwei Planstellen, die hauptamtliche Arbeit machen. Vom Status her sind Jugendklubs zu vergleichen mit sozialen Jugendzentren bei euch.

XX: Was bedeutet finanzielle Unterstützung? Wieviel Geld kriegt ihr von der FDJ bis jetzt?

KAI WERNER: In Dresden ist es so, daß wir eigentlich keinen festen Betrag kriegen, sondern die Leute, die wir einladen zu unseren Veranstaltungen, werden von unserem Träger, der *Scheune*, bezahlt. Weiterhin sind die Räume mietfrei. Das Geld kommt auch nicht von der FDJ, sondern vom Rat der Stadt, aber da ist die *Scheune* als Jugendklub eine Ausnahme.

XX: Welche Kriterien und Maßstäbe werden da angelegt, daß sich so ein Jugendklub konstituieren kann? Also wenn irgendein Häkelklub daherkommt und sagt, wir möchten jetzt gern ein Jugendklub werden, ist das möglich?

KAI WERNER: Das ist möglich, wenn er noch ein paar Leute hat, acht etwa, die einen Klubrat bilden, und wenn er einen Träger findet.

OLAF LESER: Ist es nicht meistens umgedreht, daß die materiellen Voraussetzungen da sind, es ein bestimmtes Netz von Jugendklubs gibt, die dann gefüllt werden müssen mit Leuten? Es ist ja oft genug so, daß diese Jugendklubs im Programm nur Disko haben, und es nur wenige gibt, in denen die Leute engagierter sind und mehr Kultur, Kunst, Kleinkunst – also diese alternative Gegenkultur – über Jahre hinweg machen. Das ist wirklich eher das Problem, als für 'ne Häkelgruppe oder so Räume in irgendeinem Klub zu finden, weil genügend Klubs leer rumstehen – leer in dem Sinne, daß sie programmatisch eigentlich nicht ausgefüllt sind.

XX: Wie ist es mit der Öffentlichkeitarbeit? Drucken die Zeitungen z.B. Veranstaltungshinweise von Jugendklubs, auch von schwulen Klubs ab?

OLAF LESER: Das ist der große Vorteil, den die nichtkirchlichen Gruppen haben. Wir als kirchliche Gruppe können bestenfalls in kirchlichen Zeitungen etwas unterbringen; ich erlebe nur ganz selten, daß wir mal die Möglichkeit haben, in Bezirksorganen (meistens einer Blockpartei) so etwas hineinzuwerfen, Veranstaltungen anzukündigen. Das ist der große Vorteil, den die nichtkirchlichen Arbeitskreise haben: sie können breit plakatieren, sie kommen in die Bezirksmedien rein.

[1] Anm. Kai Werner: *Gerede:* ursprünglich als Gayrede geplant, aber DDRzulande ist »gay« erst recht kein Begriff, übersetzt also »schwules Gerede«.

[2] S. auch das Veranstaltungsprogramm von *Gerede* vom November '89 bis Juni '90 in diesem Band, S. 155.

[3] Bei Abschrift der Gesprächsrunden wurden aus rechtlichen Gründen nur die Beiträge der DDR-Gäste und der Organisatoren des Treffens mit Namen versehen. Bei allen anderen Wortbeiträgen von Teilnehmern aus dem Westen steht XX.

Günter Grau

Schwule in der DDR oder: Es ist nicht alles Gold, was »krenzt«

Versuch einer Zwischenbilanz

Zu bilanzieren, was in der Homosexuellenbewegung der DDR in den letzten Jahren erreicht wurde, ist nicht einfach. Mir scheint auch der Zeitpunkt für eine solche Analyse als zu früh gewählt. Unbestritten ist: es haben sich wichtige Veränderungen vollzogen. Sie haben Aufmerksamkeit weit außerhalb unseres Landes erregt. Euphorisch wird von einem neuen Denken in der Homosexuellenfrage gesprochen. Und doch sollte, wenn über Erreichtes nachgedacht wird, nicht außer acht bleiben, was auch für andere Lebensbereiche in der DDR gilt: »Es ist nicht alles Gold, was krenzt« – wie es in einer Losung heißt, die in den letzten Wochen auf zahlreichen Plakaten jener uns so sehr bewegenden Demonstrationen zu lesen war.

Für den westdeutschen Beobachter ist es noch komplizierter, sich ein sachkompetentes Urteil zu bilden. Vieles, was sich an Veränderungen abzeichnete, konnte er bisher nur aus einer Schlüsselloch-Perspektive wahrnehmen. Das hat zwangsläufig zu Verengungen in der Bewertung geführt, verschiedene Aspekte (wie z.B. die 1989 wirksam gewordene Strafrechtsreform) wurden herausgehoben, mitunter auch überhöht. Ich verzichte, auf Einzelheiten einzugehen, auch will ich die historische Entwicklung[1] nicht darstellen. Letzteres ist zwar sehr reizvoll, nicht nur, weil die letzten Jahre spannend und aufregend waren. Schließlich ist die Geschichte der Homosexuellen in der DDR nicht von der Geschichte des Sozialismus in der DDR zu trennen, und zu dieser Geschichte gehört auch die Diskriminierung von Lesben und Schwulen. Noch ist weitgehend unbekannt, was sie in den Nachkriegsjahren und später erlebt haben, welche Auswirkungen beispielsweise das Ideologem vom sozialistischen Menschenbild auf ihr soziales Sein wie auf gesellschaftliches und individuelles Bewußtsein hatte.

Drei Ergebnisse, die die Entwicklung im letzten Jahrzehnt markieren, möchte ich hervorheben. Es sind:

- die Beseitigung der strafrechtlichen Diskriminierung,
- die Herausbildung einer politischen Homosexuellenbewegung,
- der Bruch des über die Homosexualität verhängten gesellschaftlichen Tabus.

Mit der 5. Änderung zum Strafrechtsgesetz vom Dezember 1988 wurde der letzte Rest einer gesonderten Behandlung der Homosexualität im Strafrecht der DDR gestrichen. In der Begründung erhob der Justizminister der DDR die staatliche Behandlung von Homosexuellen und den gesellschaftlichen Umgang mit der Homosexualität zu einer Frage der Menschenrechte. Über die Bedeutung dieses Schrittes ist viel gesagt und geschrieben worden, ich brauche nicht weiter darauf einzugehen. Die Strafrechtsreform war zweifellos das bedeutendste Ergebnis. Und ich denke, wenn wir über die DDR hinaussehen, hat das auch auf Entwicklungen in anderen Ländern gewirkt. Ich könnte mir vorstellen, daß die in der Bundesrepublik wieder in Gang gekommene Diskussion über die Abschaffung des Schandparagraphen 175 StGB durch die Diskussion in der DDR beeinflußt wurde. Ähnliches – nicht ganz so zugespitzt – könnte zur Diskussion in der Sowjetunion gesagt werden. Es ist bekannt, daß dort eine generelle Reform des Strafrechts in Angriff genommen ist, die 1991 in Kraft treten soll. Andere sozialistische Länder haben sich weitaus »zurückhaltender« verhalten. Das gilt insbesondere für Rumänien, wo die Diskussion nach wie vor nicht geführt wird. (Eine Zeitung in Rumänien hat jetzt erst wieder auf Befragung mitteilen lassen, daß es das Problem nicht gebe, weil es keine Homosexuellen gebe.) Die Situation in Cuba ist vergleichbar schlimm. Und bitte schön – auch außerhalb des sozialistischen Lagers, beispielsweise in einzelnen Bundesstaaten der USA, ist an einen solchen Schritt nicht zu denken.

Das ist schon eine Bedeutung, die über den nationalen Rahmen hinausgeht. Hinzu kommt, daß die Streichung des Homosexuellenparagraphen mehr war als nur ein juristischer Akt. Sie signalisierte zugleich einen generellen Wandel in der sozialen Bewertung der Homosexualität. Die Anfänge reichen zurück bis in die frühen achtziger Jahre. Homosexuelle – Frauen und Männer – setzten ihn in Gang, organisierten sich als politische Subjekte.

Hatte es schon in der zweiten Hälfte der siebziger Jahre erste und bescheidene Versuche zur Selbstorganisierung gegeben – sie wurden zerschlagen -, so gründete sich vor noch nicht mehr als sieben Jahren, am 25. April 1982, der erste *lesbisch-schwule Arbeitskreis* in Leipzig. Erst spät, nämlich nachdem es neben dem Berliner *Sonntags-Klub* bereits etwa 20 kirchliche Arbeitskreise gab, schaltete sich die FDJ ein, richtiger sollte ich sagen: wurde die FDJ eingeschaltet, von couragierten Schwulen und Lesben. Als dann im Jugendradio DT 64 über Homosexualität streitbar diskutiert wurde[2], als dort nachdrücklich und öffentlich unterstrichen wurde, daß Klubs homosexueller Frauen und Männer von staatlichen Leitungen bei den Räten der Städte zu unterstützen sind, begann eine neue Phase der Auseinandersetzungen. Mitunter hatte sie für mich den schalen Beigeschmack einer Kampagne, war doch das Motto »Es sind doch Menschen wie du und ich« allzu durchsichtig darauf ausgerichtet, Homosexuelle an vorhandene Strukturen anzupassen.

Auch wenn die Entwicklung bis 1989 sehr differenziert zu bewerten ist, sie hatte ein wichtiges Ergebnis: es bildeten sich in vielen Städten Gruppen, als Klubs an Kulturhäusern, als Arbeits- und Gesprächskreise bei Kirchgemeinden. Ständig werden es mehr, gegenwärtig gibt es etwa 30 Gruppen. Im Juni 1989 beschlossen sie eine politische Plattform, verabschiedeten einen Forderungskatalog zur Durchsetzung erster Schritte für eine vorbehaltslose Akzeptierung[3]. Für knapp zehn Jahre ist das eine erstaunliche Entwicklung.

Was den Bruch des Tabus Homosexualität angeht, so ist er für jeden sichtbar. Offen und öffentlich wird seit etwa zwei Jahren über Aspekte der Lebensweise von Lesben und Schwulen diskutiert, in Zeitungen, Zeitschriften und Büchern, in Funk und Fernsehen. Der erste Schwulenfilm der DEFA, Heiner Carows »Coming out«, erlebte gerade seine Premiere, es wird – hoffentlich! – nicht der letzte sein. Am Ende des Jahres 1989 und am Beginn einer politischen Entwicklung in unserem Land, deren Ergebnisse noch nicht absteckbar sind, läßt sich vorsichtig sagen: generell scheint das Klima günstig zu sein, um auf dem einmal eingeschlagenen Weg einer gesellschaftlichen Akzeptanz von Lesben und Schwulen weiter voranschreiten zu können.

Also insgesamt positiv die Bilanz? Das stimmt und stimmt so nicht. Es haben in den letzten Jahren – nicht erst in den letzten Monaten – zahlreiche Homosexuelle – Frauen und Männer – die DDR verlassen. Wie viele es waren und welche Gründe sie bewegten, Freunde und Bekannte, Wohnung und Arbeit aufzugeben, ist im einzelnen nicht bekannt und wird sich im nachhinein auch schwerlich feststellen lassen. Neben dem Wunsch (der Illusion?), »im Westen« besser leben zu können, gehörten sicher auch Diskriminierungen am Arbeitsplatz, Entwürdigungen (oder befürchtete Entwürdigungen) in der Nationalen Volksarmee, Unverständnis bei der Genehmigung von Veranstaltungen, Ignoranz, Dummheit und Borniertheit auf zahlreichen gesellschaftlichen Ebenen zu entscheidenden, die Flucht vieler Männer und Frauen auslösenden Faktoren.

Und wenn eingangs die Rede davon war, daß sich in den letzten Jahren eine erstaunliche Entwicklung vollzog, so muß daran erinnert werden, daß sie sich unter sehr eingeschränkten Bedingungen vollziehen mußte. Bis etwa 1987 war die Homosexuellenbewegung offiziell mehr geduldet als gefördert. Getragen wurde sie von sehr wenigen aktiven Leuten, und diese waren beargwöhnt, von allen und jedem. Subversive Tätigkeit wurde nicht wenigen vorgeworfen, da sie sich unter dem Dach der Kirche (so lautet die politische Formel) zusammengefunden hatten. Ein schwerer Vorwurf, und absurd allemal.

Seit Beginn der Schwulen- und Lesbenarbeit wurden so offen wie öffentlich staatliche Stellen aufgefordert, Notwendigkeit wie Chancen einer gleichberechtigten Akzeptanz von Lesben und Schwulen in der DDR zu erkennen, ihre nach mehreren Hunderttausend zu zählende Existenz nicht zu behindern oder gar zu kriminalisieren. Geheim war da nichts, gegen den Sozialismus gerichtet schon gar nichts. »Unsere Arbeit ist offen und durchschaubar«, stellte Eddi Stapel für die Arbeit der kirchlichen Gruppen im Juni 1989 fest, »und über das Unsichtbare hinaus gibt es nichts.«

Trotz zahlreicher Vorstöße, das Verdikt aufzulösen: für Jahre wurde totgeschwiegen, was als Aktionen von Lesben und Schwulen in Basisgruppen aus dem Raum Kirche heraus veranstaltet wurde. Selbst ein Buch »Und diese Liebe auch. Theologische und sexualwissenschaftliche Einsichten zur Homosexualität« – 1988 offiziell als Verlagsobjekt der Evangelischen Verlagsanstalt erschienen – fiel darunter; bis auf eine CDU-Zeitung hat es keine Tageszeitung der DDR rezensiert. Die Redaktion der Fernsehsendung *Klick* verbot, in einem Beitrag zum Thema »Homosexualität« auf den Titel hinzuweisen.

Doch auch jenen, die sich als staatliche Klubs verstehen, begegnete vielerorts – gelinde gesagt – Unverständnis. Der Kampf mit der Bürokratie lähmte.

Er führte zu Resignation, auch zu Empörung. Im Frühjahr 1989, als Vorbereitung auf die Kommunalwahlen, hatte der *Klub Felix Halle* in Weimar ein Wählerforum, ein Gespräch mit Volksvertretern geplant. Gesprochen werden sollte konkret über Möglichkeiten einer aktiven Unterstützung der Integrationsbemühungen in der Kommune Weimar. Der Vorsitzende der Nationalen Front hatte seine Unterstützung zugesagt. Zwei Tage vor der Veranstaltung wurde sie mit fadenscheinigen Gründen verboten und dem Leiter des Klubs beiläufig bedeutet: schon die Namensgebung sei eine massive Provokation – der standhafte Kommunist Felix Halle (Rechtsberater der KPD) hatte die Reformbewegung zum Strafrecht in der Weimarer Republik unterstützt und zählt bekanntlich zu den zahllosen Opfern Stalinscher Willkürmaßnahmen.

Der Vorwurf, subversiv zu sein, setzte nicht nur Aktive zahlreichen Verdächtigungen aus. Er führte, was ich stets als besonders schmerzlich empfunden habe, auch in den eigenen Reihen zu Distanzierungen. Es gab nicht wenige Opportunisten, die keine Gelegenheit versäumten, sich ins »richtige« Licht zu setzen. Wer dabei war, zur *ILGA*-Arbeitstagung 1989 in Wien, erlebte ein merkwürdiges Spektakel. Da tauchte plötzlich eine sich als offizielle Delegation der FDJ ausgebende Gruppe von vier Leuten auf, gestellt von der *AG Homosexualität Courage* (Berlin), und stellte den Antrag auf Vollmitgliedschaft der DDR-Schwulen, mit Schreiben des MfAA[4] (!!) und assistiert von einem Vertreter unserer Botschaft. Keiner der Arbeitskreise in der DDR wußte von diesem Alleingang. Schwerlich hätte sich dafür auch eine unterstützende Mehrheit finden lassen. Erst im Frühjahr hatte sich die Gruppe vom Berliner Sonntags-Klub gelöst, unter Beschimpfung und politischer Denunziation der Leiterin, Ursula Sillge, in einem offenen Brief. Noch im Juni 1989 hatte diese Gruppe darauf bestanden, lediglich mit Gästestatus am zentralen Mitarbeitertreffen der Gruppen teilnehmen zu wollen, denn mit den entschiedenen politischen Forderungen wollte sie nicht identifiziert werden.

Mit der Diskriminierung in den eigenen Reihen sollte schleunigst Schluß gemacht werden. Diejenigen, die in schwierigen Zeiten mutig aufgetreten sind, haben – man kann es nicht oft genug und nicht laut genug sagen – eine immense Arbeit geleistet und manches persönliche Opfer gebracht. Ihnen gilt meine Anerkennung und mein Dank. Mit großem Einsatz haben sich Frauen und Männer engagiert für grundlegende Verbesserungen der Lage aller Homosexuellen. Und sie haben zugleich deutlich gemacht, daß Erfolge nur als Ergebnis des eigenen Engagements zu erreichen sind.

Nun zu den *Perspektiven.* Es ist in der politisch komplizierten Gesamtsituation, in der sich unser Land befindet, nicht möglich, die zukünftige Entwicklung abzustecken – ich möchte mir das auf keinen Fall anmaßen. Ich habe drei Angebote zu machen, will drei Gebiete herausnehmen, wo mir Veränderungen unbedingt notwendig scheinen und wo sie auch möglich sind: es sind das die Rechts-, die Wissenschafts- und die Gesundheitspolitik. Wenn ich hier einige Probleme benenne, so sollen sie als Angebote für die Diskussion verstanden sein, um uns zu streiten, auch um Erfahrungen aus der Sicht der BRD einzubringen. Schließlich wären auch Möglichkeiten zu prüfen, Forderungen gemeinsam zu artikulieren bzw. uns über den Sinn zu verständigen, sie in die Politik zu transportieren.

Bei der *Rechtspolitik* denke ich an sehr unterschiedliche Bereiche. Auf dem Gebiet des Verfassungsrechts halte ich es für notwendig und möglich, einen Zusatz zur Verfassung durchzusetzen, wonach niemand wegen seiner sexuellen Orientierung diskriminiert werden darf. Daraus würde sich dann eine ganze Reihe von praktischen Weiterungen für die Lebensformenpolitik ergeben (was aber sozusagen »nur« eine Frage der Rechtsgestaltung wäre). Ich denke, daß es ähnliche Probleme auch in der BRD gibt: die Frage nach dem juristischen Status von schwulen bzw. lesbischen Partnerschaften und den sich daraus ableitenden Konsequenzen (beispielsweise für das Steuer- und Erbrecht) gibt es in der BRD wie in der DDR.

Zu überarbeiten wäre bei uns das Adoptions- und Sorgerecht. Ende Oktober war ich zu einer Konsultation in einer führenden Einrichtung der Ehe- und Sexualberatung der DDR, die Fertilitätsstörungen[5] behandelt. Wir haben über Möglichkeiten gesprochen, ob und inwieweit Frauen die künstliche Insemination[6] in Anspruch nehmen können. Mir wurde gesagt, das sei möglich für jede Frau, auch für alleinlebende Frauen, sofern sie sich in geordneten (was immer das ist) sozialen Verhältnissen befinden. Auf meine Frage: »Auch lesbische Frauen?« wurde mir geantwortet: »Nein, die können das nicht. Sie müssen erst nachweisen, warum sie kein Kind adoptieren wollen.« Eine Willkür, die schwer zu verstehen ist. Ich weiß, daß diese Frage für lesbische Frauen bei uns ganz wichtig ist und daß sie heftig diskutiert wird. Ich weiß auch, daß der Eingriff generell – vor allem was ethische Dimensionen angeht – umstritten ist, auch in der BRD kontrovers bewertet wird. Vielleicht kommen wir hier zu einem gemeinsam zu verantwortenden Standpunkt.

Zur Rechtspolitik würde auch die Anerkennung der schwulen und lesbischen Opfer des Faschismus gehören, auch jener, die Opfer von Eingriffen wurden, also der Kastration und der Sterilisation. Das ist ein Thema, das bisher bei uns überhaupt nicht angeschnitten wurde. Beispielsweise wurden alle homosexuellen Häftlinge im KZ Buchenwald kastriert; mir ist kein Fall bekannt, daß irgendjemand, der diese schlimme Zeit überlebt hat, die Anerkennung als Opfer des Faschismus beantragt hätte. Ich weiß auch nicht, ob sie in den 50er Jahren oder später hätte durchgesetzt werden können. Heute leben nicht mehr viele: für mich ist es ein ganz grundsätzliches Problem, die Anerkennung und Entschädigung als Opfer des Faschismus einzuklagen.

Weitere Felder wären: Arbeitsrecht, Presserecht. Wir brauchen überhaupt mehr Öffentlichkeit für unsere Arbeit. Wichtige Forderungen sind in einem Papier enthalten, das im Juni 1989 auf dem Mitarbeitertreffen in Karl-Marx-Stadt verabschiedet wurde.

Was die *Wissenschaftspolitik* angeht, müssen wir aus einem Zustand herausfinden, in dem die Beschäftigung mit Homosexualität und Homosexuellen Hobbyforschung von schwulen Männern und lesbischen Frauen ist. Notwendig ist eine institutionelle Verankerung. In der bisherigen Situation schlägt sich die generelle Misere der Sexualforschung in der DDR nieder. Es gibt kein sexualwissenschaftliches Institut, keine sexualwissenschaftliche Zeitschrift, keine sexualwissenschaftliche Vereinigung. Die partielle (und sporadische) Beschäftigung mit einem Teilgebiet der Sexuologie, dem der Homosexualität ist eine logische Konsequenz. Das muß geändert werden: für mich kann es nur im Kontext mit der Neubestimmung von Aufgaben der Sexualforschung (und der Sexualerziehung (!)) geändert werden.

Die *Gesundheitspolitik* dominiert mit der Öffnung der Grenzen das Thema AIDS. Dazu gibt es ein Memorandum[7], das wichtige Forderungen für eine wirksamere (= differenzierte) Präventionspolitik enthält.

In der Gesundheitspolitik geht es aber auch um andere Themen. Wir verlangen die Streichung der Diagnosenummern 302.0 (Homosexualität) und 302.2 (Pädophilie) der ICD-Klassifikation der Weltgesundheitsorganisation. Zur Streichung der Nr. 302.0 wird es unter uns – so denke ich – keinen Streit geben. Anders bei der Nr. 302.2. Hier wird es, ähnlich wie in der BRD, auch unter den Schwulen der DDR zu Konflikten kommen. Interessant wird auch die Reaktion unserer Sexuologen sein. Psychologen, Mediziner und Ärzte des Landes sind aufgefordert, sich für die Streichung einzusetzen. Gleichzeitig sind sie aufgefordert – das mag für einige etwas verwunderlich klingen – alle Versuche zur sexuellen »Umpolung« oder pränatale Diagnostik als ethisch nicht verantwortlich zu verurteilen. Was verbirgt sich hinter dieser akademischen, trockenen Formulierung? Günter Dörner, Endokrinologe an der Charité, wird seine Versuche nicht aufgeben, in die sexuelle Orientierung eines Menschen manipulierend einzugreifen.

Dann gibt es das Problem, daß die Lebens- und Konfliktberatung schwuler Männer wie lesbischer Frauen an die Ehe- und Sexualberatungsstellen gebunden ist. 1987 wurde diese Verankerung als großer Fortschritt gefeiert. Ich halte sie für problematisch. Wir brauchen eine institutionell unabhängige Lebensberatung für Lesben und Schwule. Wenn schon Anerkennung der Homosexualität in unterschiedlichen Lebensstilen und Lebensformen, dann sollte dieser Einsicht auch mit der Einrichtung selbständiger Institutionen zur Beratung entsprochen werden.

Die praktische Umsetzung wird weitgehend davon abhängen, welchen handlungspolitischen Spielraum die Emanzipationsbewegung der Schwulen in der DDR in Zukunft für sich zu behaupten vermag. Die gesellschaftlichen Rahmenbedingungen, darüber sollten sich alle, die an diesen Prozessen bisher beteiligt waren, im klaren sein, werden sehr wesentlich mitentscheiden, ob der einmal eingeschlagene Weg fortgesetzt und damit jene Vision einer gleichberechtigten Akzeptanz von Lesben und Schwulen Wirklichkeit werden kann.

[1] vgl. dazu OLAF LESER *»Homosexuell in der DDR. Versuch eines historischen Überblicks.«*, in diesem Band S. 39.

[2] MANFRED SCHÖNEBECK: *DT 64-Streitlexikon »Mensch, Du!«*, Heft 3, (Begleitmaterial zu der Ratgebersendung *»Mensch Du – ich bin schwul!«* in Jugendradio DT 64), Berlin/DDR 1989.

[3] Für Anerkennung und Gleichberechtigung von Lesben und Schwulen. Grundsätze und Maßnahmen. In diesem Band S. 137.

[4] Ministerium für Auswärtige Angelegenheiten.

[5] Fruchtbarkeitsstörungen.

[6] künstliche Befruchtung.

[7] GÜNTER GRAU, RAINER HERRN: *Memorandum,* in diesem Band S. 147.

Von denen, die aus sexuellen Gründen weggegangen sind

(4. Gesprächsrunde)

XX[1]: Eine Nachfrage: du hast die Ausreisenden erwähnt. Du wirst es natürlich nur sehr ungefähr einschätzen können, aber es würde mich interessieren, wie du es einschätzt: ob bei den Leuten, die in den letzten Monaten ausgereist sind, überproportional viele Schwule dabei waren oder nicht?

GÜNTER GRAU: Ich kann es nicht einschätzen, ich weiß nicht, ob jemandem nähere Informationen zur Verfügung stehen. Es werden da auch keine Zahlen veröffentlicht. Ich weiß nur, ich habe in meiner Beratung im letzten Jahr verschiedene Fälle gehabt, die sich in großen Ängsten erlebt haben. Es waren überproportional viele. Aber es läßt sich aus der Sicht einer Sexualberatungsstelle nicht auf die Gesamtheit schließen. Also ich kenne keine Zahlen, und ich will mich auch nicht in Spekulationen verlieren.

KLAUS LAABS: Du hast ja gesagt, es geht nicht nur um die letzten Wochen und Monate. Die erste große Ausreisewelle war, glaube ich, im ersten Quartal 1984. Da hast du erlebt, daß bestimmte Schwulenkneipen von Woche zu Woche leerer wurden – man hat sie auch von Staatsseite immer lieber gehen lassen, es waren sowieso nicht so wertvolle Bürger. Es sind immer die, die rausgeschoben wurden. Und dann ist es natürlich so: Schwule sind ja ohnehin immer stärker im Konflikt mit der Gesellschaft. Sie sind auch im allgemeinen nicht so stark gebunden, so daß natürlich der Anteil von Schwulen und Lesben, die das Land verlassen haben, sicherlich immer überproportional hoch war. Es gibt sicherlich viele Gründe. Aber es war auch die gezielte

Politik, und das läßt sich sogar konkret nachweisen: es gibt eine Aussage von Hermann Axen im Politbüro von '84, der ...

GÜNTER GRAU: In den Kriterien für Ausreisemöglichkeit gab es ja nach Familienangehörigen im Westen usw. Punkt 5: 5 heißt Homosexualität, nichts weiter.

KLAUS LAABS: ... oder wie das Hermann Axen '84 gesagt hat gegenüber irgendwelchen Genossen: »Wir trennen uns von all denen, die ein falsches Verhältnis zu unserem Staat, zur Arbeit und zum anderen Geschlecht haben«.[2]

XX: Ich möchte hinter die Gründe, die du für die Ausreise von Schwulen genannt hast, ein Fragezeichen setzen. Ich habe mit etlichen gesprochen, weil ich dasselbe vermutet habe. Erklärtermaßen haben mir vier Schwule gesagt, daß das für sie überhaupt keine Rolle gespielt hat. Viele Sachen haben 'ne Rolle gespielt, aber das eigentlich gar keine. Ich hab' dann noch weiter gefragt, was sie von anderen wissen, weil sie sich ja auch treffen, sich ja schnell wieder finden untereinander; und sie sagten, das würde keine Rolle spielen.

OLAF BRÜHL: Inwieweit die das selber reflektieren und analysieren können, was die Gründe sind, steht auf einem anderen Blatt. Man muß immer auch überlegen, welche soziale Struktur die aufweisen. Nicht jeder reflektiert darüber so genau, und es können ja solche Sachen sein, die gar nicht als solche wahrgenommen werden. Das hat auch was mit dem Bewußtseinsgrad zu tun. Ich kenn' sehr viele, die das auch vorgeschoben haben, aber irgendwo ja nicht ohne Grund. Ich glaube überhaupt, daß sexuelle Sachen auch eine große Rolle spielen, weil Entgrenzungen was Erotisches sind, und daß sehr viele Leute, die sagen, ich geh' aus politischen Gründen, eben nicht sagen, ich geh' eigentlich auch aus sexuellen Gründen.

(Pause)

XX: Ich möchte was anderes fragen, und zwar zur Gesundheitssache. Du hast erzählt, daß bei euch Homosexualität als Krankheit definiert ist. Hat das eine praktische Konsequenz, daß man zum Beispiel, wenn man zum Arzt geht und sagt: »Ich bin schwul«, krankgeschrieben wird? Oder steht das nur irgendwo auf dem Papier?

GÜNTER GRAU: Das wird dich überraschen: auch in der BRD gilt das noch.

Das ist die sogenannte ICD-Klassifikation der Krankheiten – ein Katalog, der von der WHO verabschiedet wird und dem alle Länder zuzustimmen haben. Es gibt auch in der BRD Bestrebungen, die Diagnosenummer 302.0 – Homosexualität – zu liquidieren. Was praktische Konsequenzen angeht, gab es eine wichtige, und zwar für schwule Männer, die vor dem Wehrdienst und allem was damit verbunden ist Angst hatten. In jeder Armee wird ja die Situation des Homosexuellen gewissermaßen auf die Spitze getrieben, in dieser rigiden Männergesellschaft, in die sich ein Schwuler einordnen muß. Es war möglich, beispielsweise bei akuten Angstneurosen oder anderen psychisch auffälligen Bildern diese Diagnosenummer in Anspruch zu nehmen, also über ein psychiatrisch-neurologisches Fachgutachten den Betreffenden zur Ausmusterung vorzuschlagen. Das war zwar ein mühevoller Weg, aber er war generell möglich. Sonst spielt die Diagnosenummer keine Rolle – du kannst also nicht zum Arzt gehen und aufgrund des Schwulseins krankgeschrieben werden.

BERT THINIUS: Zwei Anmerkungen: erstens, du hast gesagt, daß das Tabu der Homosexualität bei uns durchbrochen ist. Das müßte dadurch ergänzt werden, daß das Tabu »Homophobie der Heterosexuellen« noch nicht durchbrochen ist. Weder in der wissenschaftlichen Beschäftigung noch in der öffentlichen Diskussion spielt das bisher eine Rolle und auch fast nicht in den Diskussionen der Schwulen und Lesben untereinander. Die Antihomosexualität ist eine Frage, die wir jetzt stellen müssen und überhaupt auch die nach ihren Reproduktionsmechanismen in der Gesellschaft.

Zweitens, zur Wissenschaft: wir haben ja zwei halbe, kaum arbeitsfähige Gremien: seit 1985 diese *interdisziplinäre Arbeitsgruppe* an unserer Uni[3] und seit vorigem Jahr eine *Kommission Sexuologie beim Ministerium für Hoch- und Fachschulwesen,* die im nächsten Jahr eine Art Gesellschaft für Sexuologie werden und höchstwahrscheinlich beim Ministerium für Gesundheit angesiedelt sein soll. Das sind Bedingungen, die nicht gerade günstig sind, und die Personen, die hier als Forschungpotenz zur Verfügung stehen, sind auch nicht alle eine Garantie dafür, daß es in Richtung einer progressiven Wissenschaftspolitik gehen könnte. Wir haben von unserer Arbeitsgruppe an der Uni einen Vorschlag zur Kooperation und Arbeitsteilung gemacht. Also versucht zu klären, daß die Kommission Sexuologie sich im Rahmen der Sexualität des Menschen auch mit der Homosexualität zu befassen hat, daß das ihr Arbeitsgebiet sein soll und unsere Aufgabe nicht die Homosexualität wäre, sondern die Frage der sozialen Stellung der Homosexuellen, ihrer Individualitäts- und Persönlichkeitsentwicklung und ihrer Sozialisation. Wir versuchen, nach diesem Vorschlag zu verfahren, aber die Schritte sind noch sehr klein, und Förderung gibt es kaum. Das hängt sehr von persönlichen Zugeständnissen ab von Leuten, die in der Uni Verantwortung haben.

Bei uns hatte ich bis vor kurzem den Eindruck, daß die Arbeit auf wissenschaftlichem Gebiet nicht die Hauptsache ist für die Emanzipation der Schwulen und Lesben in unserem Land, daß soviel vernünftige Einsichten vorliegen, die man nur noch durchsetzen müßte, und damit hätte man Tag und Nacht zu tun. Nun erscheint aber durch diese Bewegung und die Möglichkeit, was völlig Neues zu gestalten, eine gewisse Umkehrung dieser Proportion. Es wird deutlich, daß viele Fragen gar nicht seriös genug untersucht sind, man also sehr unsicher ist, wenn man nach Konzepten, nach Strategien fragt. Abgesehen davon, daß die Zeit, in der einige Konzepte vorgeben und andere sie zu realisieren haben, sowieso vorbei ist: um einen öffentlichen Dialog und Prozeß der Auseinandersetzung zu entwickeln, braucht man ein Angebot, über das man diskutieren kann. Auch daran fehlt es. Ich ahne, daß ihr in eurer Gesellschaft irgendwann mal ähnliche Probleme hattet oder aber noch habt.

[1] Bei Abschrift der Gesprächsrunden wurden aus rechtlichen Gründen nur die Beiträge der DDR-Gäste und der Organisatoren des Treffens mit Namen versehen. Bei allen anderen Wortbeiträgen von Teilnehmern aus dem Westen steht XX.

[2] s. a. ULLI KLAUMS Interview mit LAABS in diesem Band, S. 119.

[3] Humboldt-Universität Berlin (DDR).

»Uns ist noch gar nicht klar, daß wir die Forderungen selber einlösen müssen«

(5. Gesprächsrunde)

XX[1]: Für mich als Außenstehenden kam die Streichung des § 151 fast aus dem Nichts. Natürlich gab es Ansätze vorher, zum Beispiel mit den Tagungen[2]; aber ich denke, es müssen gesellschaftliche Kämpfe auf einer Ebene, die wir nicht beobachten können, stattgefunden haben. Soweit mir zugetragen wurde, gab es zum Beispiel im Volksbildungsministerium durchaus scharfe Vorbehalte dagegen, auch, *Coming out*[3] zu zeigen. Wo sind solche Konflikte gelaufen? Waren auch Schwule, Schwulenbewegte und Gruppen daran beteiligt? Oder haben bestimmte Ebenen den DDR-Schwulen ein Gesetz »geschenkt«, wo sie selbst gar nicht für gekämpft haben? Das wäre eine vergleichbare Situation wie 1969 oder zum Teil noch 1973 bei uns in der BRD. Und: welche Basis besteht denn im Augenblick, um gemeinsam mit den Schwulengruppen, die es gibt, eine Plattform zusammenzuzimmern?

GÜNTER GRAU: Natürlich waren in diesem Prozeß, was die Streichung des Paragraphen angeht, Wissenschaftler beteiligt. Ich bin mir gar nicht so sicher, ob ihr Engagement am Ende das auslösende Moment gewesen ist, unabhängig davon, wie sie das in ihrem Selbstverständnis reflektieren. Ich denke, der eigentliche Anstoß ist aus den Gruppen gekommen, die sich das Schicksal von Leuten nicht haben gefallen lassen und aufmüpfig wurden. Es gab da einen älteren schwulen Mann in Leipzig, der verurteilt worden war (ich will seinen Prozeß nicht aufrollen, das würde hier zu weit führen). Das war sozusagen ein auslösendes Moment. Männer in den Leipziger Gruppen haben sich stark gemacht und sich gesagt: wir suchen uns auf bestimmten Ebenen Verbündete, und das war dann ein Erwin Günther, ein Kurt Bach, ein Bert Thinius, die dann vor dem Senat beim Obersten Gericht der DDR diese Verständigung über die Notwendigkeit oder den Fall des Paragraphen eingeleitet haben.

XX: Kannst du sagen, warum das in der DDR dann relativ reibungslos funktioniert hat? Warum man in der BRD schon seit Jahrzehnten dahin baggert und überhaupt nicht von der Stelle kommt?

GÜNTER GRAU: Die Verhältnisse der Bundesrepublik kann ich nicht beurteilen, ich möchte keine Wette eingehen, ob der § 175 in nächster Zeit fällt. Der 175 paßt für mich zu gut ins Bild der Belebung ganz konservativer Wertvorstellungen, die hier mit dem Neokonservatismus Anfang der 80er Jahre eine Wiederbelebung erfahren haben.

Bei uns war die Abschaffung möglicherweise ein Ventil, um Unzufriedenheit abzulassen. Der Zeitpunkt der Strafrechtsreform war ja nicht zufällig. Es gab sehr viel Unruhe. Man hat ja andere reformbedürftige Paragraphen im Sexualstrafrecht, die auch zur Disposition standen, nicht abgeschafft. Zum Beispiel den Inzestparagraphen, obwohl die Wissenschaft sich hier auch darüber im klaren ist, daß die immer wieder beschworenen negativen Folgen des Inzests nicht belegbar sind. Wir haben noch zwei andere Paragraphen, § 153 und § 154, die sich mit den Folgen des artifiziellen Schwangerschaftsabbruchs beschäftigen. Der Paragraph ist bei uns seit 1974 nicht mehr in Kraft, es kann legal eine Schwangerschaft abgebrochen werden. Auch diese Paragraphen stehen zur Disposition, sie hat man aber nicht beseitigt. Man hat sich im Sexualstrafrecht auf die Aufhebung des 151 beschränkt. Es hat sicher mit den sehr aufmüpfigen Forderungen der Bewegung zu tun.

N.N.: Ich wollte zur Wissenschaftlichkeit was sagen. Es sieht nach außen so aus, und wir haben auch immer versucht, den Eindruck zu erwecken, daß die Politik auf wissenschaftlicher Grundlage gemacht wird. Das war keineswegs Wissenschaft. Was Politiker unter Wissenschaft verstehen – das heißt konkret: das Vertrauen zu bestimmten Leuten, was auch immer die für einen Schwachsinn reden – wurde dann Wissenschaft genannt und ist in die Entscheidungen eingeflossen. Aber von den Entscheidungen weiß ich nur: Eberhard Aurich[4] hat einen Brief ans Oberste Gericht geschrieben; was ihn bewegte, war der Appell: Junge, du tust damit dem Image der FDJ gut; wenn man die internationalen Jugendbewegungen ansieht, ist es in fast allen thematisiert, und die FDJ schläft. Also, ihr müßt aufwachen, ihr müßt euch der Sache positiv stellen, auch wegen der Mitgliedschaft, da gibt es genug Stunk. Da könnt ihr noch was gutmachen. Das war aber alles schon in der Zeit, als vom Gefühl her gemerkt wurde, es geht ans Auseinanderbrechen. Das war sicherlich – und da muß ich Günter zustimmen – eine Ventilfunktion, die Überlegung, was kann man alles abgeben, ohne grundsätzlich die Machtfrage zu klären.

Rein kam auch noch, was ich so im Hintergrund gemerkt hab', eine falsch verstandene AIDS-Prävention. Das war bei unseren altkatholischen (altkatholisch nicht im Sinne von Kirche, sondern vom Denken her): wie können wir diese Gruppe dingfest machen? Das heißt also erstmal Entkriminalisierung, dann tauchen sie auf, möglichst auch in Klubs, und dann sind sie wenigstens öffentlich! Das heißt (wie das schon immer üblich war): daß uns da keiner wegschlüpft! Solche Sachen waren sicherlich mit im Spiel, das war kein Zufall, daß im Zusammenhang mit dem Auftauchen von AIDS auch in unseren Medien nach außen hin eine Liberalisierung erfolgte. Man kann es von der Positivseite sehen, ich finde die Negativseite interessanter.

BERT THINIUS: Was die Abschaffung des Paragraphen angeht, glaube ich, ist es nicht mit Ventilfunktion zu erklären. Wenn es die hätte haben sollen, hätte man das propagieren müssen, und bisher ist das ja bei uns kaum veröffentlicht. Es ist ganz stillschweigend gemacht worden, und ich bin nicht mal sicher, ob die in der Volkskammer wußten, worüber sie da eigentlich abstimmen, als dieses neue Strafgesetzbuch vorgestellt wurde. Und aus meinen persönlichen Erfahrungen am Obersten Gericht habe ich auch nicht den Eindruck, daß diese geladenen Gutachter die Karre rumgerissen haben.

Ich muß sagen, ich war völlig falsch vorbereitet. Ich hatte mich mit einem Gutachten vorbereitet, das die Richter, Staatsanwälte und Strafsenatsangehörigen von ihrer Meinung, diesen Paragraph zu verteidigen, abbringen sollte. Das war überhaupt nicht nötig. Die Konstellation bei ihnen war so: wir wollen das Ding abschaffen, wer hat was dagegen? Gibt es irgendwelche Bedenken dagegen? Die einzige Auseinandersetzung fand zwischen mir und dem anderen Gutachter statt, der die Altersgrenze bei 16 Jahren ansetzen wollte. Da haben Richter und Strafsenatsvorsitzender gesagt: wenn schon Gleichstellung, dann ganze. Das hat auch wieder mit den Strukturen bei uns

zu tun, diese ehemaligen Strukturen, die einerseits so wenig subjektivitätsfördernd sind, andererseits aber soviel Vernunft sich ausbreiten lassen. Das war eine vernünftige Entscheidung.
Dabei kam noch etwas hoch, das mit der Anwendung und Auslegung des Strafrechts zu tun hat: es gibt mildernde Umstände, wenn ein Verbrechen im Affekt begangen wurde. Und so kam es vor, daß einer, der einen Schwulen umgebracht hat, mildernde Umstände zugesprochen bekam, da die Richter verstanden, daß er aus einem tiefen Ekelgefühl heraus im Affekt gehandelt hat. Schlimm, aber daran kann man wohl nur sehr grundsätzlich was ändern.
Zur AIDS-Politik: da haben wir ein Stückchen eigene Schuld auf uns zu nehmen. Wir haben im Mai 1987 in unserer Arbeitsgruppe eine Diskussion gemacht zum Thema Homosexualität und AIDS mit dem Ziel, eine schwulenspezifische AIDS-Prävention anzuschieben. Wir haben alle Leute, die in unserem Land für AIDS verantwortlich sind, eingeladen, und die sind auch alle gekommen (bzw. haben Vertreter geschickt). Wir haben unsere Vorschläge gemacht, diskutiert, anschließend sogar noch eine Untergruppe »AIDS und Gesellschaft« in diesem Forschungsvorhaben beim Ministerium für Gesundheit gegründet, unsere Vorträge abgegeben, die sind jetzt publiziert bei URANIA[5], und damit haben wir uns abdrängen lassen. Wir haben unsere eigene Zielstellung reduziert auf den Kompromiß, ein wenig Öffentlichkeitsarbeit leisten zu können und sind nicht ganz an unserem Ziel geblieben. Hier müssen wir alle Kraft einsetzen, um diese gruppenspezifische Aufklärung praktisch zu machen. Reden kann man darüber immer, es erreicht nicht viel. Das müßte wirklich über die Schwulengruppen gemacht werden. Das kann man doch nach dem Schneeballprinzip machen. Jeder, der einer Schwulengruppe angehört, setzt sich mit anderen in Kontakt. Das läßt sich schon organisieren, da gibt es sogar ein paar entwickelte Konzepte. Man müßte es einfach nur machen. In diesem Fall mangelt es nicht an Ideen, sondern an Aktivität.

GÜNTER GRAU: Ich möchte noch was sagen zum Verhältnis Wissenschaft. Das wurde ja vorhin sehr positiv dargestellt. Das ist für mich nur eine Seite. Ich möchte auf zwei Aspekte aufmerksam machen: der erste würde sein, daß das wirklich sehr kritisch zu sehen ist: die Gefahr der Verwissenschaftlichung, der Beforschung von Homosexualität und Homosexuellen. An dem Punkt sind wir im Moment, daß wir meinen, wir müßten alles mit der Wissenschaft klären und wir brauchten für jede Entscheidung eine wissenschaftliche Legitimierung. Beispielsweise hat es an der Jenaer Universität eine Befragung gegeben zum Coming out. Es war eine ziemlich aufwendige Studie, durchgeführt in zwei Etappen. Liest man die Ergebnisse[6], so ist wenig bis nichts rausgekommen, nicht mehr zumindest, als wir schon wissen: also welche Schwierigkeiten Jugendliche im Coming out erleben. Nun kann ich sagen, gut, dann hat sich das bestätigt für die DDR – was soll's? Der andere Aspekt, damit verbunden, ist der mögliche Mißbrauch von Ergebnissen der Wissenschaft.

XX: Das mein' ich ja, daß das bei euch eine Wissenschaft ist, die regiert, mit diesen Gefahren; daß die politische Initiative eigentlich noch fehlt. Bei uns ist das eher umgekehrt: daß zuerst eine politische Initiative und dann jetzt oder schon länger Forderungen der Wissenschaft entstehen. Bei euch ist das wohl umgekehrt.

GÜNTER GRAU: Nein. Als aktuelles Beispiel, was noch gar nicht bekannt ist: das BGA[7], das AIDS-Zentrum plant eine vergleichende Untersuchung zum Sexualverhalten schwuler Männer in Westberlin und Ostberlin. Das ist ein neues Projekt. Und das in dieser Zeit. Weil es das BGA macht, ist das schon abgesichert. Unser nationales Referenzzentrum ist Feuer und Flamme. Sie haben sowas noch nie gemacht, ich weiß also nicht, ob sie soziologisch dazu überhaupt in der Lage sind, nehmen wir mal an, sie sind es. In dieser Zeit, auf dem Hintergrund der aktuellen AIDS-Kampagne kann das nur einem Zweck dienen: Homosexuelle als potentielle Krankheitsüberträger dingfest zu machen und sie am Ende repressiven Maßnahmen auszuliefern. Hier spielt auch der Einsatz des HIV-Tests eine Rolle. In der AIDS-Diskussion hat die Problematisierung des Tests überhaupt keine Rolle gespielt. Er wurde als ein Instrument der Prävention ausgegeben – das heißt in der Argumentation der Epidemiologen: ich muß die Infektionsketten unterbrechen, also brauche ich die potentiellen Infektionsträger, und die sind zu suchen unter den Homosexuellen. Wir haben 82 HIV-Infektionen zum 31.10. und 16 AIDS-Kranke, davon sind sieben gestorben – das ist nichts im internationalen Vergleich. Es ist traurig für den Einzelfall, aber es bewirkt nicht solch einen Druck wie bei euch. Das ändert sich jetzt schlagartig, und ihr könnt euch vorstellen, was die wissenschaftlichen Ergebnisse einer solchen Untersuchung bewirken könnten. Sie liefern uns aus. Wir haben zu überlegen, ob wir diese Untersuchung unterstützen (denn ohne uns ist sie nicht zu machen, ohne die Gruppen kommen die Untersucher nicht an die Schwulen ran), oder ob wir sagen: »Nein, mit uns nicht!« Ich kann das nicht entscheiden, will es auch nicht entscheiden, darum geht es überhaupt nicht. Hier zeigt sich deutlich die Gefahr des Mißbrauchs einer formal korrekt betriebenen wissenschaftlichen Forschung.

XX: Was stellst du dir denn vor, was da rauskommen könnte, was brisant wäre?

GÜNTER GRAU: Ich denke schon, daß es dann am Ende heißen könnte: »Schwule Männer haben riskantes Sexualverhalten«, oder: »Bei den Ostberliner Schwulen ist noch nicht so sehr ins Bewußtsein gedrungen, daß sie sich entsprechend schützen müssen, riskante Praktiken vermeiden sollen; also müssen wir bei allen Homosexuellen Ostberlins, weil sie besonders ›gefährdet‹ sind, den Test machen.« Das könnte eine Folgerung sein.

KLAUS LAABS: Beispielsweise, wenn Niels Sönnichsen sagt: Kondome nützen nichts, Analverkehr auf keinen Fall. Was löst das bei Otto Normalverbraucher aus? Es gibt viele, die das trotzdem machen wollen, die dann aber hören, Gummi nützt nichts – also lassen wir den Gummi weg. Das ist eine ganz konkrete mögliche Auswirkung. Bei AIDS dürfen wir nie vergessen: das hat so eine wahnsinnige politische Dimension, weil hier jede Verzögerung Menschenleben bedeutet! Ich habe am 12. Februar 1987, nachdem Sönnichsen in der *Wochenpost,* was ein wirklich massenhaft gelesenes Blatt ist, ein Interview gegeben und auch teilweise ziemlich unverantwortliches Zeug erzählt hat, an Mecklinger, den damaligen Gesundheitsminister, geschrieben, die sofortige Ablösung Sönnichsens verlangt und ein Konzept, das Schwule stärker berücksichtigt. Zum damaligen Zeitpunkt war überhaupt kein Schwuler in dieser AIDS-Kommission. und von den konkreten Forderungen ist bis heute so gut wie nichts realisiert. Es gibt keine schwulenspezifische Aufklärungsarbeit; es gibt faktisch bis heute keine ordentlichen Gummiautomaten an den Stellen, wo sie unbedingt auch gebraucht würden; die Frage der wasserlöslichen Gleitmittel ist überhaupt kein Thema in der DDR. Und das alles vor dem Hintergrund der jetzigen politischen Entwicklung – da ist das wirklich für mich ein Verbrechen! Sowas muß politisch angegangen werden.

XX: Ich heb' mal einen anderen Aspekt heraus. Ich höre von euch immer: Forderungen. Forderungen an den Staat usw. usf., während es hier im Westen ja zum Teil so gelaufen ist, daß einfach eigene Initiativen aufgebaut worden sind und von diesen Initiativen auch Geldforderungen an den Staat gestellt wurden. Ein Beispiel ist die AIDS-Hilfe-Bewegung, die von unten entstanden ist und es geschafft hat, sich in der Gesellschaft einen Standpunkt zu sichern (wie gut der ist, ist eine andere Frage). In der DDR waren bislang die Bedingungen nicht so, daß Initiativen selbständig entstehen konnten. Aber ich habe von euch noch keine Forderungen gehört, die in die Richtung gehen, Raum für Eigeninitiative zu schaffen.

OLAF LESER: Es gibt auch Eigeninitiative. Es gibt eine – natürlich ganz minimierte – Initiative, die vergleichbar ist mit der AIDS-Hilfe der BRD: aus den schwulen Arbeitskreisen haben sich Leute herauskristallisiert, die den sog. *zentralen AIDS-Arbeitskreis* bilden und die sich zusammengefunden haben, um Aufklärung und Beratung zu leisten, sowohl im Vorfeld als auch dann u.U. bei Positiven.

XX: Ich meinte das nicht nur im AIDS-Bereich. In der BRD gibt es eine relativ breite schwule Infrastruktur, die hier auch möglich ist: man kann Projekte gründen, man kann Läden gründen, man kann dies und jenes machen.

JÜRGEN LEMKE: Wir sind überhaupt nicht trainiert in dieser Hinsicht. Wenn bislang – ich überziehe – drei Leute zusammenstanden, dann war es schon eine Gruppenbildung. Was du vermißt, stimmt völlig. Es sind pausenlos Forderungen an den Staat, was ja auch irgendwo Berechtigung hat, aber sicherlich müssen wir das zu einem Maße dann selber tragen, was uns noch gar nicht klar ist.

GÜNTER GRAU: Ich glaube, das ist wichtig zu wissen: du konntest bisher keine Vereine gründen. Der Begriff der Selbsthilfegruppe war bei uns schon ideologisch befrachtet. Den durfte es bisher nicht geben. Darum diese – wenn man das distanziert überlegt – absurde Entwicklung, daß sich ausgerechnet Schwule, die für ihre Emanzipation kämpfen, bei der Kirche angeschlossen haben! Bei einer sexualfeindlichen Institution par excellence! Aber das hat etwas mit dieser DDR-Spezifik zu tun, weil die Kirche in eine Nischenfunktion gedrängt wurde, wo plötzlich politische Opposition möglich war. Das wird sich ändern – wir diskutieren im Moment ein Vereinsgesetz (ich sag' jetzt so, ich weiß nicht, wie das heißen wird) – aber bisher hattest du keine Möglichkeit – und deshalb auch diese ebenso absurde Sache, daß der Zentralrat der FDJ bemüht wurde, die Klubhäuser anzusprechen, Schwulengruppen zuzulassen. Wir haben das als große Errungenschaft gefeiert, was an sich »Hirnie« war. Aber in dem sind wir nun groß geworden 40 Jahre lang. 40 lange Jahre bist du erzogen worden, immer vorher zu fragen: »Darf ich? Geht das?«

Anmerkung des Herausgebers: im Dezember 1989 gründete sich die *AIDS-Hilfe DDR* mit Sitz in Leipzig als ein erstes von Schwulen organisiertes Selbsthilfeprojekt. Im Januar 1990 initiierte Dirk Komor in Berlin/DDR das Projekt eines schwulen Zentrums in der Kastanienallee (Prenzlauer Berg). Dort soll neben einem Café, Kino, Bühne, Infoladen auch eine Beratungs- und Krisenanlaufstelle mit Übernachtungsmöglichkeiten entstehen.

[1] Bei Abschrift der Gesprächsrunden wurden aus rechtlichen Gründen nur die Beiträge der DDR-Gäste und der Organisatoren des Treffens mit Namen versehen. Bei allen anderen Wortbeiträgen von Teilnehmern aus dem Westen steht XX.

[2] 1. interdisziplinäre Tagung, Juni 1985 in Leipzig und der *»II. Workshop zu psychosozialen Aspekten der Homosexualität«*, April 88 in Karl-Marx-Stadt. Die 3. Tagung ist am 3.2.90 in Jena geplant. Siehe OLAF LESER: *»Homosexuelle in der DDR. Versuch eines Überblicks«* in diesem Band, S. 39.

[3] DEFA-Film der Gruppe Babelsberg, 1989, Regie: HEINER CAROW.

[4] FDJ-Chef

[5] *Aids und Gesellschaft,* Referentenmaterial, URANIA-Verlag, Berlin/DDR 1989.

[6] E. GÜNTHER, M. VOGEL, H. HOYER und K. BACH: *Zum Coming out männlicher Jugendlicher,* in: Ärztliche Jugendkunde, Bd. 79, H. 4, 1988, S. 207-214.

[7] Bundesgesundheitsamt.

Bert Thinius

Die DDR, die Schwulen, die Perestroika

Ein paar Fragen

Bei uns ist eine Zeit, in der wir uns der eigenen Vergangenheit nicht mehr sicher sind, die eigene Gegenwart kaum begreifen und uns zu jeder eindeutigen Bestimmung von Zukunft unfähig fühlen.

Eine wunderbare Zeit eigentlich – und zum Verzweifeln. Zuversicht läßt sich aus unserer Lage erst gewinnen, wenn wir ein adäquates Bewußtsein über sie bekommen. Immerhin dürfen wir das jetzt uneingeschränkt.

Wenn es Möglichkeiten gibt, unsere gesellschaftliche Bewegung mit Gedanken, Konzeptionen, politischen Aktionen zielgerichteter zu gestalten, dann ist es sinnvoll und nötig, sich über solche Zielrichtungen zu verständigen. Und die Verständigung über politische Ziele, über Werte, über Kriterien sozialen Fort- oder Rückschritts im Sozialismus muß Auseinandersetzungen mit den Geschlechterverhältnissen, mit den Existenz- und Entwicklungsbedingungen der Sexualitäten und vor allem: ihrer Subjekte einschließen. Darüber wird bei uns kaum geredet. Frauen klagen das ein.

Als Äußerung eines Mannes fand ich nur das folgende Gedicht von Heinz Kahlau. Es stand in der *Berliner Zeitung* vom 16. November 1989:

STAND MEINER ERKENNTNIS

Wenigstens seit Ende der letzten Eiszeit
hat sich das männliche Prinzip
gegenüber allen übrigen Prinzipien
des Zusammenlebens von Menschen
als das siegreiche Prinzip
durchgesetzt und hat seinen Höhepunkt
in der Geldwertgesellschaft
überschritten.

Noch gilt der Menschheit:
Wer siegt, hat recht und bestimmt,
was die Wahrheit ist.
Als Naturgesetz.
Reichtum und Macht und Gewalt
stellen den Sieger
über den Tod.
Bis der ihn auslöscht.

Doch nun
kann der Sieger nicht mehr
durch den Krieg ermittelt werden.
Doch nun
widersteht die Natur
unserer Ausbeutung nicht mehr
und erliegt.
Von nun an
bestimmt das Bewußtsein
das Sein. Jeder Rettungsversuch muß
ohne das männliche Prinzip
unternommen werden.
Denn es hat uns
an diesen Abgrund geführt.

Selbst der Sozialismus scheiterte bisher
weil er sich nicht von diesem Prinzip
losgesagt hat.

Volksherrschaft
ist der einzige Weg
ist das menschliche Prinzip
der Demokratie.

Unsere politische und ökonomische Krise ist meines Erachtens sichtbar geworden und zuerst »ausgebrochen« im gestörten Verhältnis zwischen Gesellschaft und Individuum.

Seit Jahren wurde theoretisch und propagandistisch die Mündigkeit unserer Bürger, freie Entwicklung von Individualität und Persönlichkeit behauptet. Und sie fand statt. Nicht in erster Linie durch die Magie der Worte – obwohl, vielleicht auch durch sie. Ich habe selbst nicht selten geglaubt, wenn Dinge nur lange und oft genug ausgesprochen werden, werden sie wirklich. Die Kluft zwischen Anspruch und Wirklichkeit wird dadurch nur spürbarer, und die Spürbarkeit vergrößert den Druck. Freiheit und Ganzheit der Individualität konnte sich in den bürokratisch, zentralistisch und patriarchalisch dominierten Strukturen aber kaum enfalten. Das Resultat waren massenhafte Rückzüge ins Private, Selbstreduktionen und Ausreisen. Und nun plötzlich dieser Aufbruch, plötzlich die reale Möglichkeit von Alternativen.

Haben wir wirklich Alternativen, können wir wählen? Sind unsere Probleme überhaupt von globalen Entwicklungfragen abzutrennen? Es ist offen, ob wir zu einer neuen Entwicklungslogik fähig sein werden.

Die Krise der DDR, des Sozialismus, steht wohl im Bezug zur Krise der Menschheitsentwicklung überhaupt, und zwar nicht nur durch ihre Ähnlichkeit. Global ist eine neue Entwicklungslogik erfordert, der Übergang von Konfrontation zur Kooperation, von Konkurrenz zu Solidarität,von Maximierung der Produktion zu Optimierung von Reproduktion und Entwicklung. Wenn wir in der DDR schon mal Geschichte machen können, sollten wir es nicht orientiert an solcher Logik tun?

Die Chance dafür scheint zur Zeit gering. Es gibt bei uns eine Bedürfnisstruktur, die der kapitalistischer Industrieländer ähnlich ist. Sie ist Ergebnis unserer eigenen Tradition, unserer eigenen Konsumorientierung und auch des

»Herüberschwappens« westlicher Ansprüche, und sie wird vielleicht verfestigt durch die nun offene Grenze. Unser Dilemma ist, daß unsere ökonomischen Potenzen nicht annähernd erlauben, damit umzugehen. Die Alternativen sind das weitere Hinterherlaufen hinter dem Kapitalismus oder zu versuchen, die Entwicklungslogik umzukehren, aber ohne erneut Bedürfnisse zu diktieren, die die Leute gar nicht haben. Es ist die Frage, ob es möglich ist, gesellschaftliche Vermittlungen zu etablieren, in denen Subjekte sich nicht auf gegenseitige Kosten und unter Zerstörung der Natur entwickeln, sondern sich gegenseitig und die Natur reproduzieren. In diesem Kontext sind meines Erachtens auch Fragen nach Emanzipationsstrategien der Lesben- und Schwulenbewegung zu erörtern.

Die »alte« Sozialismus-Vorstellung ging von einer Gesellschaft als Monosubjekt aus, die im wesentlichen repräsentiert wurde durch die Partei, die Gewerkschaft und den Staat. Es wurde eine Interessenhierarchie in drei Stufen: gesamtgesellschaftlich, kollektiv, individuell etabliert und die Vermittlung der Interessen erfolgte administrativ von oben nach unten. Das Resultat war die Konzentration von Macht in der Zentrale und Ohnmacht bei den Individuen. Das Modell des »modernen« Sozialismus akzeptiert eine Pluralität gleichberechtigter Subjekte und fragt nach ihren Reproduktions- und Enwicklungsbedingungen sowie Gestaltungsmöglichkeiten ihrer Assoziation.

Über die Gestaltung der Kooperationsbeziehungen, über öffentliche Dinge wäre gemeinsame, sozialprogressive Entwicklung, Koevolution zu sichern. Ziel sind ausbeutungs- und unterdrückungsfreie Beziehungen zwischen Völkern, Gruppen, Individuen und Natur, selbstbestimmte und solidarische Lebensformen. Es gibt dazu keinen praktischen Ansatz ohne die theoretische Reflexion des Verhältnisses zwischen Interesse, Bedürfnis und Wille der Individuen. Für die Schwulenbewegung heißt das u.a., sich mit

- dem Verhältnis zwischen Masse und Aktivisten;
- dem Verhältnis zwischen politischen Strategien und Konzeptionen zur Befriedigung unmittelbarer Bedürfnisse;
- Fragen nach Organisationsstrukturen und Kommunikationsformen;
- der Kultur von Konfliktbewältigung;
- dem Verhältnis zwischen politischen Überzeugungen, Geschlecht und sexueller Orientierung;
- dem Verhältnis zu Parteien, Frauen- und Männerbewegungen
- und dem Charakter und der Perspektive der Subkulturauseinandersetzung

zu beschäftigen.

Dauerhafte, produktive Koevolution braucht individuelles Verhalten, in dem Humanität, Solidarität, Kooperativität und Assoziationsfähigkeiten sowie Produktivität dominieren. Und es braucht Strukturen (von Gruppen, Organisationen etc.), die Individualitäts- und Subjektivitätsentwicklung der Mitglieder fordern und fördern, die individuelle und gemeinschaftliche Entwicklung produktiv koppeln (Solidarität als Ausnahmezustand zwischen Menschen, die sich nach außen egoistisch und exklusiv verhalten, wird sich früher oder später in ihr Gegenteil verkehren) und Subjektivität der Gemeinschaft fördern.

So unsicher unsere Lage zur Zeit auch ist, noch gibt es die Chance, daß wir in der DDR die gewonnene politische Freiheit nicht verschleudern, um uns in ökonomischer Knechtschaft wiederzufinden. Noch könnte es möglich sein, endlich eine eigene Identität zu entwickeln. *»Stell dir vor, es ist Sozialismus und keiner geht weg«*, heißt so ein Traum.

Die gegenwärtig so spürbare Bewegung der Verhältnisse macht den Zusammenhang zwischen individueller und gesellschaftlicher Freiheit erfahrbarer. Meine Hoffnung, die Aufhebung des Provinzialismus der DDR möge das Begreifen des Eingebundenseins in globale Entwicklungsprozesse fördern, Solidarität, Behutsamkeit und Würde mögen akzeptable Werte individuellen Verhaltens werden. Utopie: eine grenzenlose Solidarität der Linken. Die Entstehung einer neuen politischen und sozialen Kultur, in der Individualität wirklich gilt und deren Reproduktion keine Feindbilder braucht, Rahmen der Emanzipation auch der Lesben und Schwulen.

Klaus Laabs

Politik hat wirklich ooch'n bißchen wat Konkretet, ja?!

Anmerkungen zu Bert Thinius (aus der 6. Gesprächsrunde[1])

KLAUS LAABS: Dein Beitrag ist ja voller Visionen. Und diese Visionen sind wahnsinnig wichtig, sie waren eigentlich da noch wichtiger, wo man noch ganz im Dunkeln und im Mief drin war. Es gab aber bei dir einen entscheidenden Widerspruch. Du selbst sagst, wir haben ein paar Wochen, wenn's hochkommt ein paar Monate Zeit, jetzt was ganz Grundlegendes anzupacken.

Und das ist mein Problem. Wir haben Tatsache in der DDR jetzt ein paar Wochen, ein paar Monate vor uns, die wir in diesem Leben nicht wieder haben werden, und die Frage ist, ob die nächste Generation das haben wird. Wir haben die Möglichkeit, nun Weichen zu stellen durch eine ganz praktische Politik, durch ganz konkretes Eingreifen. So wie wir paar Hanseln hier sitzen, können wir Dinge dort bewirken, die in der Konsequenz nicht absehbar sind und die weit über das hinausgehen können und müssen, was bisher bei euch in der BRD realisiert ist. Immer dieses alte Gerede von der offenen Gesellschaft und geschlossenen Gesellschaft – jetzt sind wir die offene Gesellschaft! Ein uns befreundeter Philosoph spricht von dem offenen geschichtsbildenden Prozeß.

Wir können jetzt also für eine Weile den Gang bestimmen, und dann wird

sich das wieder alles irgendwie verfestigen, dann kriegen wir den Mief, den ihr habt und so, dann muß man wieder kleinklein machen. Aber jetzt dürfen wir nicht kleinklein machen. Jetzt müssen wir wirklich die großen Schritte machen, die in den Visionen hier angesprochen wurden – bloß Bert hat die mehr philosophisch untersetzt, und ich will da zurückkommen auf diesen Forderungskatalog, den Jürgen drin hatte.
Es ist ja nicht so, wie jemand irrtümlich sagte, daß es das erste Mal sei, daß sowas bei uns formuliert wurde, es ist ja im Gegenteil so: wenn irgendwas passiert, passiert das immer parallel an mehreren Stellen. Das war Mitte der 80er Jahre so, wo plötzlich lauter Positionspapiere entstanden, und das ist jetzt wieder so, wo mehrere Gruppen, mehrere Leute usw. einzeln dasitzen und ihren Forderungskatalog haben. Ich meine, eure Karl-Marx-Städter Plattform[2] ist ja letztlich auch sowas, bloß auf einer breiteren Ebene, und ich hatte ja auch versucht, im Oktober/November sowas anzuschieben[3]. Ich bin der Meinung, das ist nicht vom Tisch, was Jürgen da heute vormittag vorgestellt hat[4], und es fordert mich zum Widerspruch heraus, wenn du sagst, wir wählen die Partei, die unsere Interessen bzw. Interessen von Schwulenseite vertreten, bzw. wir kandidieren für diese Partei, die derartige Interessen vertritt.
Da müssen wir natürlich definieren: wer ist wir? Wir müssen uns dann doch nochmal genau angucken: reicht das, wenn jetzt eine Partei sagt: »Wir vertreten euch jetzt«. Ich seh' da einfach die Gefahr eines wahltaktisch bedingten Opportunismus, daß irgendeine dieser jetzt aus dem Boden schießenden kleinen Parteien schnell ein paar Forderungen einheimst, um schwule Wähler zu kriegen, und dann von uns gewählt wird.
Ich glaube, so einfach funktioniert das nicht. Ich hab' jetzt keine Lust, irgendeinen Heteroradikalen zu wählen, nur weil der in seinem Programm hat, sie würden schwule Interessen mitvertreten. Die Erfahrung zeigt, daß das in der Praxis dann doch nicht passiert. Ich bin der Meinung, daß da schon mal die konkrete Forderung – und möglichst auch realisierbar – auf den Tisch geknallt wird: wir wollen jetzt wirklich hier die und die Leute in die Volkskammer gewählt haben. Und da sollten wir uns verständigen, für welche Parteien die antreten. Das Leichteste wird sein, für die CDU, durch diese lange Tradition der Schwulen- und Lesbengruppen innerhalb der Kirche, da gibt's ja durchaus CDU-Leute ...
(Protest)

KLAUS LAABS: ... Das ist natürlich eine Frage der konkreten Situation in der CDU. Gut. Man könnte sowas machen, daß man sozusagen für die verschiedenen Parteien Kandidaten aufstellt und Vorschläge macht für potentielle schwule Wähler. Wir würden allen Schwulen empfehlen, die und die Leute zu wählen. Ich bin der Meinung, daß Politik wirklich ooch'n bißchen wat Konkretet hat, ja?! Man muß es mal wirklich probieren, die Vision nützt nichts, wenn wir nicht Leute haben, die bereit sind, für diese Vision einzustehen und das Maul aufzumachen.

[1] KLAUS LAABS dazu: »Die 6. Gesprächsrunde – Meine letzte in der Schwulenbewegung. Die offene Gesellschaft ist dabei, im großdeutschen Mief steckenzubleiben. Es ist zum Heulen!«

[2] *»Für Anerkennung und Gleichberechtigung von Lesben und Schwulen«* in diesem Band, S. 137.

[3] s. LAABS und andere: *»Für ein Leben unterm Regenbogen«* in diesem Band, S. 145.

[4] s. LEMKE: *»Die Akustik des Brückenbogens«* in diesem Band, S. 11.

Über Sexualität wurde beim Aufbruch nicht geredet

Arbeitsgruppe »Visionen schwuler Politik«

BERT THINIUS: Meine Haltung ist möglicherweise charakteristisch für viele Schwule, die bis dahin aktiv in der Schwulenbewegung waren – ob in Gruppen, im Wissenschaftsbetrieb oder in den Medien – sie haben für Wochen ihr Schwulsein zurückgestellt und sich in diesen neuen Bewegungen engagiert, in ihren Organisationen oder in neu entstehenden Gruppen.

Bisher ist keine schwule Plattform da. Obwohl aus den Kirchengruppen Forderungskataloge entstanden sind – Lemke hat hier einiges vorgetragen und Klaus Laabs hat das in diesem *»Rosa-Lila Forum«*-Flugblatt[1] aufgenommen – ich habe auch noch was aufgeschrieben, aber jetzt nicht vorgetragen. Ich glaube, im wesentlichen gibt es einen Konsens über Sofortforderungen und eine Unklarheit über eine perspektivische Richtung.

Das ist das Anliegen meiner Gedanken gewesen, zu fragen, in welcher Richtung wir Dinge verändern wollen, und was an jetzigen Entscheidungsmöglichkeiten die zukünftigen Spielräume von Schwulen- und Lesben-Arbeit vergrößert oder was sie verringert. Und bei dieser Aussage, daß wir jetzt in 'ner spannenden Zeit leben, in der Grundsätzliches veränderbar, gestaltbar ist, habe ich immer noch die Hoffnung, daß wir in der Lage sind, dabei so zu entscheiden, daß wir die Gestaltbarkeit nicht wieder eliminieren. Vielleicht gelingt es doch, Strukturen zu schaffen, die beweglich bleiben. Es ist ja wahrscheinlich nicht möglich, für zehn Jahre im voraus Entscheidungen zu fällen. Für mich ist die einzige Hoffnung, Bewegung zu erhalten, sich nicht zu früh zufriedenzugeben und sich nicht zu früh festzulegen. Was JÜRGEN gestern gesagt hat, daß es eine wesentliche Forderung zur bewußten Haltung der Schwulen sei, die Parteien oder Gruppen zu wählen, die sich auch für eine Gleichberechtigung der Frauen und der Schwulen und Lesben einsetzen: das ist ein Aspekt, aber es ist nicht genug, sich durch Votum politisch zu artikulieren, sondern die Hauptsache muß die Selbstorganisation sein. Und da denk ich bei den Schwulen (genauso wie bei den Frauen, die im DFD[2] nur lernen, einzuwecken und Weihnachtssterne zu basteln, aber nicht, sich politisch zu artikulieren), daß ein Schwulenverband in der DDR nicht reicht.

Es ist doch wohl so, daß die sexuelle Orientierung letztlich für die gesamte Lebensgestaltung weniger wichtig ist als eine politische Haltung. Es geht aber auch darum, diese Proportionen in Bewegung zu bringen, in ein richtiges Verhältnis zu bringen. Meine Erfahrung war, daß ich mich eher in einer Gemeinschaft wohlfühle, die politisch eine Gemeinschaft ist und nicht nur durch eine sexuelle Orientierung eine Gemeinsamkeit hat. Und vielleicht gibt es die Möglichkeit, das sogar zusammenzubringen, also eine linke schwule Bewegung zu machen, die immer noch ein ganzes Spektrum haben könnte.

XX[3]: Ich greife mal das mit der Plattform auf. Das ist ja noch eine Spur mehr als das Theoretische. Das Theoretische müßte ja dahin führen, sonst bleibt es im luftleeren Raum. Gestern konnte man den Eindruck haben, daß die Vertreter aus der DDR sehr vorsichtig an dieses Thema herangingen, vielleicht weil da persönliche Auseinandersetzungen oder Querelen mit im Raum standen – oder war der Eindruck gestern falsch?

Es muß doch nicht für die ganze Republik und für alle Sparten eine Plattform geben. Wir haben ja hier im Westen auch das Phänomen, daß es eine Vielzahl von Einzelprogrammen für unterschiedliche Schwulenorganisationen gibt, die aber im wesentlichen deckungsgleich sind. Man schreibt voneinander ab und macht sich das für seine Zwecke zurecht.

Es könnte ja zwei, drei Plattformen geben, die den einzelnen Richtungen das Gefühl geben, wir machen keine künstliche Gemeinsamkeit, trotzdem kann man gemeinsam agieren. Was ist da eigentlich los? Die kirchlichen Gruppen haben doch schon einen Zusammenschluß. Warten die jetzt auf den nächsten im Terminplan vorgesehenen Termin?

BERT THINIUS: Nee. Es gibt zur Zeit keine Terminpläne in der DDR, es gibt

überhaupt keine Pläne, die ernstgenommen werden.
Einmal ist es ein Überhang unserer alten Verhaltensweise von vor Oktober. Da gab es ein extremes Defizit an Netzwerkkommunikation. Es gab Kommunikation von oben nach unten und von unten nach oben. Aber auf einer Ebene, zwischen Gruppen gleichen Levels, da existierte wenig Kommunikation. Am ehesten haben es noch die kirchlichen geschafft, die haben relativ schnell so ein Netzwerk und einen Gruppenkonsens entwickelt, obwohl es da noch bunter ist als es in diesem Papier aussieht. Es gibt ganz verschiedene Ansätze aus den Arbeitskreisen und der Evangelischen Akademie. Schlechter schon haben es die staatlich organisierten Gruppen geschafft, sich miteinander in Beziehung zu setzen. Es gibt noch ein paar einzelne Aktivisten, zum Beispiel Klaus Laabs mit einigen Leuten; Dirk Komor mit anderen, die jetzt dieses Haus in der Kastanienallee[4] entdeckt haben und eine Initiative bilden.
Überhaupt gibt es einen Haufen Leute, die nicht in Schwulengruppen organisiert sind, aber Schwulenarbeit machen. Es ist eine merkwürdige Differenz zwischen inhaltlichen Ähnlichkeiten und persönlich empfundenen Verschiedenheiten. Wenn du die Forderungskataloge vergleichst, wirst du ganz viele Gemeinsamkeiten finden; so zehn Forderungen werden überall identisch sein. Das sind auch die, die man in einer Plattform fixieren könnte und von der ausgehend jeder seine Strategien abwandeln oder weiterentwickeln könnte. Ich sehe nichts, was dagegen spräche.
Nur haben wir offenbar noch nicht begriffen, daß wir es jetzt können. Eine Sache, die wir wohl mitgenommen haben, ist dieses Mißtrauen zwischen kirchlichen und staatlichen Schwulen (ich nenn' die mal so). Das hat auch eine Geschichte, die mit einer bestimmten Verärgerung zu tun hat: als wir 1983 anfingen in Berlin – in Leipzig schon ein oder zwei Jahre vorher – da war es noch unentschieden. Wir haben uns in Wohnungen getroffen, ungefähr 20 Leute, und es bildeten sich zwei Strömungen heraus: die einen, die in die staatlichen Klubs, in den Kulturbund usw. wollten – und die anderen, die sagten: »Das ist alles Quatsch, da kommen wir nie 'rin, da verzögern wir das nur, kämpfen um Räume, kriegen eine Ablehnung nach der anderen und kommen nicht zum Arbeiten; es wird schneller gehen, wenn wir die Kirchenräume nutzen und überhaupt die Möglichkeiten der Kirche«. Einigkeit gab es darüber, daß es überhaupt nichts mit religiösen Motiven zu tun hatte; eine kirchliche Bindung spielte da keine Rolle. Unsere Fraktion war der

Meinung, das ist eine Sackgasse; wir kommen zwar in der Kirche eine Weile schneller vorwärts, aber dann nicht weiter in die Gesellschaft. Und wenn es auch länger dauert, wir müssen in die staatlichen Kulturhäuser.

Und da ist diese nicht aufgearbeitete Verärgerung, daß die anderen, die in die Kirche wollten, es sich damals zu leicht gemacht haben und dadurch Kraft abgezogen haben; vielleicht wäre man sonst auch in staatlicher Richtung schon schneller gewesen. Die Sache hat sich dann in Berlin auf merkwürdige Weise entschieden: einige Leute wurden zum Reservistendienst eingezogen – ich auch – und als wir wiederkamen, waren die anderen in der Kirche. Dann haben wir sehr wenig gemacht. Uschi Sillge war dann die entscheidende Person in Berlin, die das mit aller Energie weitergemacht und den *Sonntags-Klub* schließlich einfach gründete.

XX: Aber sowas müßte doch in der jetzigen Situation eine Lappalie sein?

BERT THINIUS: Eigentlich ja. Ich denke auch, daß es jetzt eine sein könnte. Aber es ist dadurch, daß wir uns in den letzten fünf Wochen zuwenig um unsere *schwulen* Angelegenheiten gekümmert haben, noch nicht dazu gekommen. Man könnte jetzt ganz praktische Sachen machen, ein DDR-Schwulentreffen – das würde gehen, wobei ... das Einladen ist das Problem. Es geht, wenn sich nicht einige nach vorne stellen und andere einladen und um Zustimmung bitten für ein Projekt. Ich glaube, man könnte jetzt ein gleichberechtigtes Treffen machen, einen Konsens finden.

XX: Zu etwas anderem: wir wissen ja nun alle, daß ihr es in der Oppositionsbewegung, wie immer die Gruppe auch heißt, mit Heteros zu tun habt. Vielleicht kann man das noch gar nicht sagen, aber wie sieht da eure Befindlichkeit aus? Konkret gefragt, gibt es keine Bedenken, daß da auch innerhalb der Oppositionsparteien homophobe Reaktionen kommen? Daß aus Homophobie etwas abgeblockt wird?

BERT THINIUS: Wir haben es noch nicht probiert. Die Chancen für eine Integration der Schwulen und Lesben zeigen sich am ehesten bei der SDP[5], weil die eben schon ein Problembewußtsein für die Geschlechterbeziehung haben. Bei anderen ist es einfach noch nicht reflektiert. Ich glaube aber, daß die Gefahr der Homophobie geringer ist als in den bisherigen Organisationen, die wir haben. Das liegt auch daran, daß die jetzige Oppositionsbewegung von Intellektuellen getragen wird, die die ganze Lebensweise schon mehr problematisiert haben als andere. Ich denke, die wären offen, würden kooperativ sein können. Das andere Problem ist, daß die Gruppen alle ihre eigene Identität noch nicht gefunden haben.

XX: Wobei das ja eine Chance wäre, ein Stück von der Identität mitzugestalten. Unter Umständen.

BERT THINIUS: Und vielleicht auch bei dieser Grünen Partei, die sich gerade am Wochenende konstituiert hat. Da kommt eine Schwulen- und Lesben-Problematik auch nicht vor und die Geschlechterproblematik nur am Rand. Bei fast allen neuen Gruppen, und inzwischen auch bei allen etablierten Parteien, kommt aber Ökologie vor. Etwas makaber ist das bei der CDU[6]: die hat auch ein neues Programm beschlossen, eine Viertelseite Selbstkritik – über die 40 Jahre – und eindreiviertel Zeitungsseiten Forderungen. Einfach unmoralisch, als etablierte Partei nur mit Forderungen zu kommen. – Ich habe deine Frage nicht beantwortet, das ist mir schon bewußt.

XX: Ist es nicht so, daß man als Schwuler, wenn man in eine Versammlung einer Oppositionsgruppe geht, den Verdacht hat: wenn man sagen würde, daß man schwul ist, das würde dann unter Umständen auf abwehrende Reaktionen stoßen?

BERT THINIUS: Da bin ich nicht kompetent. Ich glaube, daß die meisten Gruppen auch noch offen sind für neue Aspekte.

XX: Aber das wäre eine Themenstellung, die sich unterscheidet von dem, was in den letzten Wochen und Monaten diskutiert wurde: Organisation des Staates, Aufbau demokratischer Strukturen – also Dinge, die auf die verfaßte Gesellschaft zielen, nicht auf das, was zentral mit privatem Leben zusammenhängt. Da gab es doch nicht viel.

BERT THINIUS: Das stimmt. Diese ganze Seite der Vergesellschaftungsformen im Intimbereich, also Liebe, Sexualität, Partnerschaftsformen kommen nicht vor in den Diskussionen. Es kommen eigentlich nur die politische Demokratie und die Ökonomie bis zu einem bestimmten Punkt vor: bis zur Produktionsdemokratie, den Eigentumsformen. Der Rest wird in den alten Formeln diskutiert, ohne neue Gedanken, auch was die Frage der Frauenrollen betrifft: an der Uni gibt es eine Gruppe *Sozialismustheorie,* in der TAZ[7] ist sie schon vorgestellt worden. Dem Projekt sind verschiedene Mitarbeiter angeschlossen, auch eine Kulturwissenschaftlerin, Ina Merkel, die seit ein paar Jahren zu Frauenfragen forscht und bei Irene Dölling eine Dissertation gemacht hat. Die hat ein Positionspapier zur Frauenemanzipation geschrieben, das in dieses Projekt integriert wurde. Ich habe eigentlich auch versprochen, ein Positionspapier für die Schwulen da hineinzugeben. Das hat aber

Angebotscharakter.

Das wäre ein Konzeptionsangebot, von dem sich alle Strömungen bedienen könnten. Das Problematische daran ist, daß sich jeder einige Aspekte herausnimmt, die in sein Programm passen, diese Aspekte aber nur Sinn haben in ihren jeweiligen Zusammenhängen. Dadurch wird manches verkehrt. Das ist aber das Problem der Sozialismusneugestaltung z.Z. überhaupt: wie können wissenschaftliche Konzeptionen in reale Politik umgesetzt werden? Bis heute ist unklar, ob wir noch rechtzeitig demokratische Gesetze verabschieden können, um den Sozialismus in der DDR und Entwicklungsalternativen zu erhalten.

XX: Schwule Belange, zum Beispiel eine Antidiskriminierungsformulierung in der Verfassung, sind keine privatere Sache als zum Beispiel die Reisefreiheit. Ob man sich nun auf seinem Bett oder auf der Erdoberfläche frei bewegen kann, sind zwei Dinge, die ich als gesellschaftspolitisch gleichrangig sehe.

BERT THINIUS: Insofern habe ich vorher auch was Falsches gesagt: es standen schon bei den Demonstrationen und Diskussionen nicht nur die Bereiche Arbeit oder Politik auf den Transparenten, sondern auch solche persönlicheren Sachen. Aber eben nicht solche, die die Vergesellschaftung über Liebe und Sexualität betreffen.

Meine Hoffnung dabei war eben, daß die Chance, den Sozialismus zu verändern, nicht dadurch verschenkt wird, daß man sich auf kleine, sofort machbare Forderungen einigt und dann zufrieden ist. Sondern daß man ein Gefühl dafür kriegt, was wirklich freie Entwicklung von Individualität in einer freien Gesellschaft bedeutet und fragt nach dem Maximum, was davon jetzt realisierbar ist und den Bedingungen, die eine Entwicklung in diese Richtung jetzt möglichst befördern.

Da alles ziemlich unbestimmt ist, also kaum Sicheres über die Enwicklungstendenzen, die sich durchsetzen werden, abzusehen ist, glaube ich, daß es gerechtfertigt ist, im Moment ganz und gar auf Subjektivität und Solidarität zu setzen. Subjektivität in dem Sinne: die größtmögliche Selbstbestimmtheit aller Individuen und aller Gruppen zu fordern und auch in Gesetzen festzuschreiben, aber in einer Weise, in der sie sich nicht gegenseitig niedermachen müssen. Das würde unbedingt für den Forderungskatalog an die Legislative bedeuten, den Artikel in der Verfassung zu verändern und festzuschreiben, daß niemand aufgrund seiner sexuellen Orientierung be-

nachteiligt werden darf. Und im Strafrecht auch. Das würde in anderen Rechtsbestimmungen auch die Gleichheit für verschiedene Lebensformen betreffen.
Da gibt es, glaube ich, auch einen Konsens mit emanzipatorischen heterosexuellen Männern und Frauen, die auch lange nach anderen Lebensformen suchen und sie viel zu zaghaft fordern. Kommunikations- und Begegnungsmöglichkeiten. Und schwule Projekte, oder auch lesbische Projekte. Eine Zeitung oder eine Sendung in den Medien, also solche Dinge, die jetzt zu erreichen sind, müssen unbedingt erkämpft werden. Das Problem ist, daß wir die Formen, die sich jetzt bieten, oft nicht mit Inhalten in der entsprechenden Größe ausfüllen können. Das hat man auch gemerkt an unserem Angebot hier. Das lag ein bißchen auch daran, daß wir uns nicht abgestimmt haben. Ich wußte weder genau, wer hierher kommt, noch, welches Programm sein wird, was ihr erwartet. Wir haben keine wirkliche Analyse angeboten und verfügen auch über keine Analyse der Schwulen- und Lesben-Situation in der DDR. Obwohl die in wesentlichen Punkten, denk' ich, jetzt hinreichend zu machen ist, also so, daß man vernünftige Entscheidungen treffen kann. Mein Eindruck ist, daß wir nicht genau wissen, was die Masse der Schwulen der DDR überhaupt will. Ich weiß es nicht. Ich ahne das, wenn ich so das alltägliche Verhalten der sichtbaren Schwulen beobachte, oder wenn ich Reaktionen erfahre.
Im *Magazin* (das ist so ein erotisches Journal) gibt es in diesem Jahr eine Folge über Schwule, die heißt *»Ungestraft anders«*. Da haben wir zu verschiedenen Themen Artikel geschrieben mit ganz vielen Selbstaussagen: von DDR-Schwulen, die auf die Fragen des *Magazin* geantwortet haben und ihre Lebenssituation darstellen. Daraufhin sind sehr viele Briefe gekommen, die überwiegend von jungen Schwulen zwischen 16 und 25 stammten aus kleinen Städten, die alle eine wahnsinnige Angst haben, daß jemand in ihrer Umgebung merken könnte, daß sie schwul sind. Mein Bild hat das ein bißchen verändert. In der Altersgruppe hatte ich eine solche Angst nicht mehr erwartet, nach dem, was ich in den letzten Jahren in Gruppen, auf Treffen, in Diskussionen erfahren hatte.
Ich leite daraus zwei Sachen ab: man sollte viel mehr über das Verhältnis zwischen dem unmittelbaren Bedürfnis der Leute, also dem was sie wollen, und ihren tatsächlichen Interessen nachdenken. Weil die Gefahr, daß so ein paar Aktivisten doch wieder – naja, bei uns zu Stalinisten, bei euch zu Büro-

kraten einer anderen Art werden, ist ziemlich groß. Aber die andere Gefahr, daß eine angefangene Bewegung, die nur Ideale hatte und – nennen wir es meinetwegen auch Visionen, versickert und selbstzufrieden wird, weil ein paar Forderungen, die den Alltag erträglich machen, erfüllt sind, ist genauso groß.

Eine Schwulenbewegung hat nicht nur die Aufgabe,das alltägliche Leben unter den gegebenen Bedingungen leichter zu machen für viele Schwule, sondern ihnen auch bewußter zu machen, daß sie ihr eigenes Leben nur durch eigene Aktivität verändern können und daß sie auf sich selbst, auf ihre Entwicklungsmöglichkeiten verzichten, wenn sie sich mit dem Unmittelbaren zufriedengeben. Und zu versuchen, ihnen die Differenz zwischen ihren augenblicklichen Bedürfnissen und ihrem Interesse nach Weiterentwicklung deutlich zu machen, indem man ihnen vielleicht doch ein Problembewußtsein vermittelt. Ihnen zeigt, wie die einfache, unkritische Befriedigung gegenwärtiger Bedürfnisse – nach verstecktem Leben, nach Idylle im Privaten, nach Karriere im Beruf, in der Homosexualität verschwiegen wird – die Menschen deformiert. Aber es ist eben die Gefahr, daß man dabei messianistisch wird, von den eigenen Wertvorstellungen ausgeht, die auf die anderen überträgt und die anderen dabei in ihrer Wirklichkeit nicht mehr richtig ernstnimmt.

XX: Das ist pädagogisch.

BERT THINIUS: Aber vielleicht gibt es doch die Chance, daß man Formen von Kommunikation einrichtet, in denen das nicht so eine pädagogisierende Art wird, in der die einen Objekte sind und die anderen die aufklärerischen Subjekte, sondern eine Form, in der schon dieses aufklärerische Pathos sich meinetwegen voll entfalten kann, aber nicht angenommen wird – nicht einfach angenommen jedenfalls – sondern sich auch die unmittelbaren Bedürfnisse artikulieren, aber nicht einfach selbstzufrieden und satt sich dagegensetzen und die Problembewußteren in ihren Bemühungen abblocken, sondern sich eben auch ein bißchen bewegen und solche Gedanken vielleicht auch praktisch konkretisieren.

Das war die eine Sache, auf die ich hinaus wollte. Weil es solche unerwarteten Ausmaße annahm mit den Briefen der vielen versteckten Schwulen, auch zu viert, zu fünft haben wir es nicht mehr geschafft, die zu beantworten; bei vielen konnte man auch nicht so eine freundliche Antwort schreiben mit guten Wünschen und so – da habe ich jetzt einen *Brief an den versteck-*

ten Schwulen geschrieben, der im Dezember im *Magazin* abgedruckt werden soll. In der Hoffnung, ein Stückchen Subjektivität bei den versteckten Schwulen zu fördern, durch Agitation freizulegen, indem ich ihnen einfach erkläre, daß es sinnvoller ist, das eigene, authentische Leben zu wagen – auch wenn man möglicherweise daran scheitert – als sich fremden Normen anzupassen, sich zu verstecken und in dieser Angst vor Verlust zu leben und dabei am Ende doch sich selber zu verpassen.

XX: Aber das ist doch kein Wunder, daß diese Briefe grade aus den kleinen Orten kommen. Was macht uns eigentlich soviel glücklicher? Was läßt uns sagen, die sind soviel schlimmer dran, die müßten wir eigentlich aufklären? Wir leben alle in unseren wunderbaren schwulen Großstadtnischen!

BERT THINIUS: Es gibt doch auch die Gefahr, daß sich wieder Aktivisten in den Zentren bilden und eine Masse von Konsumenten nur »teilnimmt«. Und vielleicht gibt es doch die Chance, konfliktfähiger zu werden, indem man sich selbst seiner Umgebung aussetzt. Man wird das nicht können auf Anhieb, man braucht schon erstmal eine schwule Gruppe, um ein Selbstbewußtsein zu kriegen, das so eine Erfahrung der Diskriminierung überstehen läßt. Natürlich ist es nicht verwunderlich, daß in den kleinen Städten so reagiert wird. Mich hat aber verwundert, daß es fast nur die Jungen waren, die aus diesen kleinen Städten geschrieben haben und sich verstecken. Bei denen hatte ich das in dieser Massivität nicht erwartet. Ein Zeichen dafür kam allerdings schon aus Erfurt und Weimar: in Weimar gibt es seit '87 diesen *Klub »Felix Halle«,* und das Merkwürdige ist, daß von den Weimarer Schwulen keiner da hingeht. Die kommen aus Erfurt und Umgebung und gehen in den *Klub »Felix Halle«* nach Weimar. Und die Weimarer Schwulen haben jetzt gefordert, daß in Erfurt ein Klub entsteht, damit die auch einen haben, weil sie sich nicht trauen, in ihrer Stadt in den Schwulenklub zu gehen.

XX: Warum gehst du denn in den Schwulenklub? (Ich meine nicht dich speziell.) Du gehst da ja nicht nur hin, um aufgebaut zu werden, ein größeres Selbstbewßtsein zu kriegen. Du gehst auch zum Vögeln dahin. Und das ist natürlich spannender in der Nachbarstadt. Die kennste noch nicht alle.

XX: Wenn dann die ganzen Erfurter sich in Weimar zum Vögeln treffen, wird's ja auch langweilig.

XX: Es ist doch mit Köln und Düsseldorf dasselbe.

XX: Du hast gesagt, es geht bei der Schwulenbewegung vor allem um Individualität, und du hast das Großstadtleben genannt. Wenn ich das kombiniere: in Amsterdam zum Beispiel, da wohnt auf dem 1. Stock ein Heterosexueller, auf dem 2. ein Homosexueller und der Heterosexuelle sagt: »Ja, das macht mir nichts«. Oder auf dem 3. Stock liegt ein Mensch drei Wochen tot in seiner Wohnung, und das merken sie auch nicht. Da hat man eine Individualität, aber das ist keine Toleranz, das ist eher ...

XX: Gleichgültigkeit.

XX: Ja, und dann gibt es die Kleinstädte, wo die Leute sehr wenig Möglichkeiten haben. Entwicklungen wie in der BRD, daß in kleinen Städten eine schwule Subkultur entsteht, gibt es in Holland gar nicht, es gibt nur die großen Zentren. Wir sollten weg von der Idee, daß nur Schwule ihr Leben individuell bestimmen, wir sollten auch darüber nachdenken, soziale Verbände zu schaffen. Man ist ja nicht nur ein Individuum, man lebt ja auch in einer bestimmten Welt und hat das auch nötig. Die schwule Bewegung hat ein Ghetto zum Konsumieren. Das ist ja, weil man immer auch als Individuum konsumiert. Man sollte mehr auf das Soziale achten.

BERT THINIUS: Das denk' ich auch. Das ist genau mein Problem, wie man als Individuum seine Ganzheit erhält, indem man soziale Beziehungen eingeht und sich selbst nicht verliert, also sich nicht ständig reduzieren muß. In diesen Zusammenhang – zum Beispiel in einer politischen Partei – kann ich eben nur meine politische Haltung einbringen, ansonsten bin ich nicht interessant, und in der Schwulengruppe kann ich nur ein paar äußerliche Merkmale an den Mann bringen. Ich glaube, das ist doch die Frage, wie man soziale Beziehungen gestaltet, die die Identität wirklich aushalten, die eigene und die der anderen, und sogar herausfordern wollen.

XX: Und gleichzeitig diesen sexuellen Konkurrenzkampf bearbeiten. Das ist ja der Hauptpunkt, woran's bei uns immer wieder scheitert.

BERT THINIUS: Was meinst du mit sexuellem Konkurrenzkampf?

XX: Du kannst ja ein schönes soziales Gefüge aufbauen in einer Schwulengruppe, trotzdem ist dann der erste Neue, der reinkommt, ein dankbares Opfer. Das ist jetzt ein Extrembeispiel, aber das ist ja in der Regel so. Sie nehmen ihn ja nicht alle in den Arm und sagen, du armes Hühnchen, wir helfen dir. Erstmal helfen sie sich selber.

BERT THINIUS: Und wie ist das bei euch mit den theoretischen Konzepten und den persönlichen Sympathien oder Antipathien? Bei mir hat das eine große Rolle gespielt dafür, daß ich mich keiner Schwulengruppe anschließen konnte oder einem Klub, weil es persönliche – nicht mal große Antipathien, aber Fremdheiten gab, also Menschen, die oft laut waren, in deren Nähe ich mich nicht besonders wohlfühlte. Auch wenn sie Dinge sagten, die mir persönlich richtig erschienen. Das ist für mich immer das Problem: muß ich jetzt diese persönliche Schranke überwinden, weil es um eine wichtigere Sache geht, oder muß ich die einfach ernstnehmen und sagen, ich kann mich hier nicht einbringen. Wenn ich ansonsten gut drauf bin, kann ich das, aber wenn es mir in 'nem anderen Bereich nicht so gut geht, habe ich keine Lust, ständig auch noch in der Schwulengruppe solche Dinge bearbeiten zu müssen. Ich will jetzt keine Norm, aber habt ihr da Strategien? Wie geht ihr damit um?

XX: Wie machst du denn das in einer Parteigruppe oder einer Gewerkschaftsgruppe? Das ist doch das gleiche Phänomen.

BERT THINIUS: Das ist total ungelöst, weil Parteien und Gewerkschaften bei uns bisher wenig persönlich waren, da spielte das nicht so eine Rolle. Da hat man sich immer auf 'ner ganz sachlichen Ebene gestritten, dreimal im Monat für jeweils 2 oder 3 Stunden, das ist kein Problem. Da ist man partikularisierter gewesen. Das muß jetzt auch anders werden. Aber in so einer Bewegung ist es persönlicher, ganzheitlicher.

XX: Es kommt auf die Ziele an, die du mit einer Gruppe verfolgst. Ich bin ja nun in diesen beiden Zeitungsprojekten von Anfang an dabei, und da geht es darum, ein Blatt zu machen. Erstmal. Irgendwo habe ich's immer bedauert, daß es diese Gruppe als Gruppe nie so gab. Und trotzdem fand ich es irgendwo toll, daß jeder als Individuum sein Ding beigetragen hat, und eben auch mit diesem Druck, das pünktlich zu machen, weil es abzugeben war. Ich konnte mich auch im Prinzip auf jeden verlassen. Das war schon eine sehr spannende Erfahrung. Da sind auch Leute dabei, mit denen arbeite ich schon seit 7 Jahren zusammen und versteh' sie immer noch nicht und sie versteh'n auch mich nicht. Trotzdem klappt es. Es geht. Du mußt dich nur gegenseitig ernstnehmen. Wenn irgendwas zusammenbricht, ist natürlich irgendeiner schuld. Inzwischen ist man soweit, zu fragen: was ist denn mit dem im Moment? Aber erstmal macht er ja mein Ding, an dem ich mitarbeite, kaputt, weil er jetzt versagt.

XX: Das kann man vielleicht fast verallgemeinern, das ist eine Erfahrung, die eine ganze Menge Leute gemacht haben, daß solche Projektorientierungen wesentlich langlebiger sind als so eine Schwulengruppe.

XX: Das ist auch das Gruppenproblem, daß nur Schwulsein nicht ausreicht, um eine Gruppe zu gründen. Es muß wirklich andere Gemeinsamkeiten darüberhinaus geben. Ich bin zur Zeit in Diskussionszusammenhängen viel mehr mit Frauen und Heteros zusammen als mit Schwulen, einfach von den Gemeinsamkeiten her.

BERT THINIUS: Und welche schwulen Projekte habt ihr so? Also so über die gruppenpolitischen Zusammenhänge hinaus – wie ist das, Karl, solche schwulen Projekte wie eine Zeitung?

XX: Es gibt in dem Sinne wenig. Es gibt Zusammenhänge, die sich an Projekten festmachen.

[1] KLAUS LAABS: *»Für ein Leben unterm Regenbogen«* in diesem Band, S. 145.

[2] DFD = *Demokratischer Frauenbund Deutschlands,* staatliche »Massenorganisation« der Frauen in der DDR.

[3] Bei Abschrift der Gesprächsrunden wurden aus rechtlichen Gründen nur die Beiträge der DDR-Gäste und der Organisatoren des Treffens mit Namen versehen. Bei allen anderen Wortbeiträgen von Teilnehmern aus dem Westen steht XX.

[4] Ein dreistöckiges Haus in Berlin-Prenzlauer Berg, aus dem ein schwules Zentrum werden soll. Im Moment wird mit den Behörden verhandelt.

[5] Während der »Wende« gegründete *Sozialdemokratische Partei* der DDR, die sich im Januar 1990 in SPD umbenannte.

[6] CDU = *Christlich-Demokratische Union* der DDR, eine der alten Blockparteien.

[7] TAZ = *die tageszeitung,* erscheint in Westberlin.

Ulli Klaum

Interviews[1]

1

Olaf Brühl, Berlin (DDR)

ULLI: Von dir weiß ich noch grad den Nachnamen: Brühl ist das, wie Heidi, aber nein, es ist Olaf. Ich sag' jetzt nicht das, was mir auf der Zunge liegt, sondern frage dich, was du bisher in der DDR im Schwulenbereich gemacht hast.

OLAF: In die Schwulenszene bin ich nicht in Person reingekommen, sondern dadurch, daß ich einen Artikel geschrieben hab' für die *Mecklenburgische Kirchenzeitung*[2], der fünfteilig war und damals, '85, wirklich mit Abstand der erste Artikel war, der die Homosexualität positiv darstellte, sich zu ihr bekannte und sie als Kritik gegenüber der sogenannten Normalität anführte. Ich bin dann nach Berlin gezogen und daraufhin aktiv in die Schwulenszene eingetreten; bei *Schwule in der Kirche* habe ich vieles mitgemacht, aber dann immer weniger, sporadisch nur, mitgearbeitet in verschiedenen Klubs. Zwei Klubs sind auf meine Initiative entstanden, in Potsdam und Schwerin. Und dann kamen verschiedene Einladungen zu Vorträgen in staatlichen Klubs, auch in Studentenklubs; ich habe Vorträge gehalten, einmal in Karl-Marx-Stadt, oder ein Fassbinder-Video gezeigt; aber ich möchte eigentlich in Zukunft keine Vorträge mehr halten, weil ich die Situation problematisch finde, wenn jemand mit diesem automatischen Anspruch, alles zu wissen (und der Analphabetismus auf dem Gebiet der Sozialpsychologie und Kulturkritik ist in unserem Land sehr groß), redet, einen Monolog hält und die anderen dann in eine ganz komische Situation kommen, weil ihr Rollenbild eben durch diesen Wissensvorsprung, den man automatisch hat, massiv gesprengt wird, sie in eine Verteidigungssituation kommen und all das, was man ihnen an so einem Abend sagt, natürlich nicht innerhalb des Abends verarbeiten können und dann nicht so ein produktiver Dialog entsteht. Und der interessiert mich viel mehr, weil die Dinge, die unser Leben bewegen, sich für mich mehr durch ein Kreisen und dialogisches Betrachten beschreiben lassen und nicht durch einseitiges Belehren und Aufnehmen oder eben auch Besitzen. Da möchte ich in Zukunft doch lieber ein kulturelles Angebot machen, Lebensberichte zeigen oder einen Film oder ein Video, entweder was ich gemacht habe oder was ich mitbringe, wo dann beide Teile einen *gemeinsamen* Erfahrungsbereich haben, der an dem Abend erlebt wird, und man darüber diskutiert und auch *über sich selber* sprechen kann, und ich dann auch mehr draußen bin.

ULLI: Gibt es für deine Arbeit Vorbilder in der westdeutschen Schwulenbewegung oder meinst du, daß es für die DDR oder auch für BRD und DDR neu ist, was du da machst?

OLAF: Das ist schwierig, weil ich ja nun verschiedene Sachen gleichzeitig mache und das zwar kontinuierlich läuft, aber – also wenn man jetzt Namen sagt: ich hab natürlich verschiedene Vorbilder, aber nur so in Ecken; das sind natürlich ganz große, wunderbare Leute, und wenn man sich mit diesen Namen in Verbindung setzt, find' ich das unseriös.

ULLI: Mir fiel einfach auf, daß du vielleicht in eine Rolle kommst wie Rosa von Praunheim am Anfang der westdeutschen Schwulenbewegung; wobei das interessant wäre zu sehen, wie du aus dieser Rolle rauskommst oder ob du das reflektiert oder beschrieben hast, was da passiert. Eigentlich ist es ja sehr spannend, als Schwuler aktiv zu werden, Resonanz zu finden und auch was in Gang zu setzen. Siehst du da auch einen Zusammenhang zu den aktuellen Ereignissen, und welche Rolle würdest du den Schwulen da zugestehen oder sie auffordern?

OLAF: Das ist ganz schwer jetzt, so spontan. Da hab' ich schon viel drüber nachgedacht, weil das so ist, daß die schwulen Gruppen, für meine persönliche Haltung, Meinung, Einstellung zu wenig politisch sind. Ich stehe dem Ganzen kritisch gegenüber. Darum bin ich auch nicht in einer solchen Gruppe direkt integriert und arbeite nicht so direkt mit. *Schwule in der Kirche* hat immer versucht, politisch zu arbeiten und hat fast gar keinen Zulauf mehr, was ich unheimlich traurig finde, weil der Chef, der Christian Pulz, wirklich ein gutes Bewußtsein von der Problematik und eine gute Haltung dazu hat und damit ziemlich aufgelaufen ist und fast *verpönt.* Politische Arbeit unter Schwulen ist mittlerweile regelrecht verpönt. Das hat sich reduziert auf eine gesellschaftliche bis gesellige Art von Coming out-Arbeit – das mein' ich jetzt in einem weiteren Sinn, nicht im individuellen Sinn, wo's wirklich wichtig ist, sondern das ist so, daß die Schwulen ihr Coming out in der Gesellschaft haben, und ich finde das einfach nicht nur zu wenig, sondern ich finde *die Richtung* falsch, grundfalsch sogar (und das werde ich noch in Zukunft präzisieren). Weil das immer einer Ghettoisierung (in einem konsumistischen Sinn) zuarbeitet und einer Bestätigung der Strukturen, wie sie jetzt sind: mit Familie, Mami und Papi, und *die* leben so und *die anderen* sind schwul und leben auf ihre Art als artige Bürger. Ich glaube, daß dadurch das ganze Potential, das durch das schwule Erleben in einer so strukturierten Gesellschaft lauert, abschleift und ungenützt verkümmert. Da ist eigentlich eine große Chance, auch jetzt gerade in dem politischen Umschwung; nun bin ich da nicht so optimistisch, aber ich möchte im Moment alles tun, um über eine politischere Gruppe dort was mit reinzubringen, um *Sex ist Politik* wieder zu aktualisieren.

ULLI: Du hast meine Frage nicht beantwortet.

OLAF: Zu Rosa kann ich noch was sagen. Den bewundere ich so sehr, aber der ist so produktiv und kreativ, da kann ich überhaupt nur auf die Knie sinken.

ULLI: Aber Rosa von Praunheim ist, soweit ich das mitbekommen habe, noch nicht in so einen Diskussionsrahmen wie hier eingetreten. Und das ist jetzt auch die abschließende Frage, welche Erwartungen du hier an das Seminar hast. Die Leute haben sich jetzt vorgestellt; vielleicht kannst du einen Eindruck wiedergeben, was du meinst, wer so hier ist und welche Art von Gespräch du hier führen kannst?

OLAF: Das ist auch schwer, weil sich für uns soviel mischt. Ich bin zum erstenmal aus dem großen Gefängnis raus, was die DDR für mich 33 Jahre lang war, in Göttingen gewesen und in Westberlin, freu' mich, daß wir das mitgestalten können; finde uns ganz gut vertreten, repräsentativ vertreten. Sicher fehlt einer. Ich bin sehr neugierig und gespannt, was das Wochenende bringt; ich glaub', daß das ein sehr toller Dialog wird; und wenn das zu wirklicher Zusammenarbeit führt und einem für uns alle neuen Erlebnisbereich, dann find' ich das toll.

ULLI: Würde ich mich anschließen, ich bin auch sehr gespannt. Dank dir.

Anmerkung OLAF BRÜHLS zu den Begriffen »politisch« – »unpolitisch«:

Mit »unpolitisch« meine ich zum einen, daß die Schwulen ein viel zu vages Bewußtsein von ihrer tatsächlichen Situation haben: sie kennen überhaupt nicht die historischen Entwicklungen, die zur allgemeinen Unterdrückung der homosexuellen Realität der Individuen führten, kennen nicht die sozialpsychologischen Phänomene, haben keinerlei Interesse, sich mit den Hintergründen und Zusammenhängen ihres Status und ihrer persönlichen Befindlichkeit auseinanderzusetzen, das in Hinsicht auf Frauen zu erkennen und von der »heterosexuellen« Männergesellschaft kritisch herzuleiten, sich in Opposition zu deren Diktatur auch im Bereich der Sexualität und der sie betreffenden Bedürfnismanipulation zu begeben: null Bock. Schwules hat Sinn nicht als Sonderabteilung, sondern *NUR* in der Dimension, die bürgerliche »Heterosexualität« zu paralysieren.

Andererseits verstehe ich unter »politisch« die Bereitschaft zu Engagement, das über einen »reizenden« Unterhaltungswert hinausgeht und insofern halt auch Gemeinsamkeiten und Selbsterfahrungen ermöglicht, mit denen dann die Gesellschaft, der Staat zu rechnen hat. Provokation durch Alternative: z.B. in Kommunen leben und lieben (ich meine keine WGs!).

Bei den großen politischen Bewegungen der letzten Zeit in der DDR spielen die Schwulbewegten gar keine Rolle. Sowieso verpaßte Chance! Denn das ist ja nicht Sache von zwei, drei Leuten. Man versteckt sich vor der Macht oder paßt sich ihr an, indem man zufrieden mit der Nische für schwule Disko / Cafés / Infozentren ... und / oder Monogamie ist. *GRAUENVOLL!* Weit weg von der Provokation einer distanzierenden egoistischen Kälte-Gesellschaft durch die Mobilisierung von Solidarität und Zärtlichkeit, angestiftet durch das Einzige, was unsere Wirklichkeit herausschlägt: die Diskriminierung des Homosexuellen, um das Heterosexuelle abgrenzen zu können. Sonst hat das doch im Grunde keine Wirklichkeit, die Liebe zu unterdrücken. Das funktioniert eben bei den Schwulen bald noch perfekter. Anna Freud: die Identifikation mit dem Angreifer – unser Hauptproblem.

Ich könnte alles hinwerfen wollen, solange Schwulenarbeit, die sich (im modernen, heutigen Sinn!) als antifaschistisch, antibürgerlich versteht, eben von den Schwulen und ihren grauen Eminenzen isoliert wird; ich könnte (und werde wohl) resigniert zusehen, wie nun auch diese sich ihren Garten-

zwergplatz (mit rosa Hütchen!) im immer SAT-sonnigeren Datschengärtlein der DDR-Realität ergattern (mit langen halbwahren Vorträgen und schönen Veranstaltungen »Offenheit« und »Verständnis« heischend), einer Realität, die vor allem dafür offen ist, bald hilf- und wehrlos im Coca-Cola-Strom zu ertrinken und deren Geist sich programm-gleichgeschaltet an den Gags ihres TV-Führers Alf totlacht ..: jeder in seiner Wixkabine. Aber bitte zahlen (DM natürlich).
Doch mit alledem beschäftigt sich eben niemand. Schöne Aussichten! »Die Interessen *DER* Schwulen vertreten«! Fragt mal jemand, dialektisch, *WO-HER* diese Interessen kommen? *WARUM* sie da sind?

1. Die Interviews wurden vor Beginn der Tagung geführt.

2 OLAF BRÜHL: *»Die Scham, daß einem das Hinsehen so leicht fällt«*, Mecklenburgische Kirchenzeitung (Schwerin), Ausgaben vom 21.4., 28.4., 5.5., 12.5. und 17.5.1985.

2

GÜNTER GRAU, Berlin (DDR)

ULLI: Hallo Günter. Ich wollte was wissen zu ein paar Fragen, die uns gekommen sind, bevor wir das Seminar eröffnet haben, die wir vor allem an dich als DDR-Bürger stellen. Die erste Frage ist ganz persönlich: wir möchten, daß du dich vorstellst, durchaus auch im Hinblick auf deine Vergangenheit in der Schwulenszene.

GÜNTER: In wenigen Sätzen ist das schwierig zu sagen. Vielleicht soviel: ich bin von Anfang an dabei, das heißt, seit 1982. Das ist für uns ein wichtiges Jahr, da hat sich die erste Gruppe in Leipzig gebildet. Seitdem ging es bergauf und bergab. Das ist ganz normal, also daß Differenzierungen, daß Widersprüche in so einer Bewegung auftreten. Ich selber sehe meine Rolle vor allem darin, beizutragen zu einer Vertiefung des Problembewußtseins und zur Aufarbeitung bestimmter Prozesse, bestimmter Vorgänge in der Geschichte.

ULLI: Du lebst jetzt in Berlin. Dort bist du sehr dicht am Westen dran, vielleicht auch mit Kontakten. Wie ist das bei dir: beginnen deine Kontakte mit Schwulen im Westen erst oder gibt's die schon seit längerem?

GÜNTER: Die Schwulen im Westen – das ist ein Begriff, mit dem ich wenig anfangen kann. Selbstverständlich habe ich langjährige und gute Freunde, wobei das Schwulsein auch wichtig war, wir aber – was für mich viel wichtiger ist – viele gemeinsame politische Interessen haben. Uns verbinden viele Gemeinsamkeiten, aber: ich bin nicht in der Lage, »die Schwulen« im Westen zu beurteilen. Ich habe nicht Kontakte in die Schwulenszene in Westberlin.

ULLI: Wie siehst du die aktuellen Ereignisse? Welche Vorstellungen und Wünsche verbindest du damit, was das schwule Leben in der DDR angeht?

GÜNTER: Das sind mehrere Fragen. – Wer es so hautnah miterlebt hat wie in dieser Stadt Berlin, wo die beiden Gesellschaftsysteme so eng aufeinandertreffen, wird diese Stunden vom Donnerstag zum Freitag[1] nicht vergessen können, wo wir – ich auch – auf die Straße gegangen sind, wildfremde Leute umarmt haben ... Das war eine spontane Begeisterung, eine Befreiung von sehr viel Frust und Druck der vergangenen Jahre. Heute, also Wochen später[2], ist auch eine Ernüchterung eingetreten und zu der Freude – auch zu der Freude, hier zu sein – ist die Nervosität getreten und Sorge, wohin die Entwicklung uns führen wird. Ich wünsche mir, daß es dieses Land, in dem ich großgeworden bin, weiter gibt. Ich wünsche mir auch, daß wir Schwulen zu den Positionen, die wir in diesem Land mit Mühen errungen haben und die noch gar nicht so sicher befestigt sind, auch in Zukunft stehen können. Ich weiß nicht, wohin sich die Gesellschaft der DDR entwickeln wird, ob es eine sozialistische oder eine kapitalistische Gesellschaft sein wird. Ich persönlich wünsche mir eine sozialistische. Ich habe aber auch in den letzten Wochen Tendenzen wahrgenommen, die mir sehr große Sorgen machen: rechtsradikale Tendenzen, auch Ausschreitungen. Wir wissen nicht, wie wir als DDR-Gesellschaft damit fertigwerden, und es ist auch nicht abzusehen, auf welche Weise sie die Schwulenbewegung in der DDR beeinflussen werden.

ULLI: Vom Großen zum Kleinen: jetzt haben wir hier das Seminar, und wie im Großen blickt alles erwartungsvoll auf die DDR-Bürger. Mit welchen Erwartungen bist du hierhergekommen?

GÜNTER: Mit der Erwartung, daß wir unsere Erfahrungen austauschen können; die schwule Bewegung in der BRD, in Westberlin ist älter und hat andere Erfahrungen als wir. Ich wünschte mir, daß wir unsere verschiedenen politischen Erfahrungen zusammentun; das wird nicht einfach sein. Ich wünsche mir auch viel Streit, aber am Ende steht natürlich die Hoffnung, daß wir in beiden deutschen Landen vorankommen, und das bedeutet für mich gegenseitige Akzeptanz gelebter schwuler Wirklichkeit zu erleben in den ganz bunten Facetten, in denen sie schwule Männer nun einmal leben wollen und vielleicht in der BRD schon können.

ULLI: Dem Wunsch kann ich mich nur anschließen. Ich danke dir.

[1] Reisefreiheit für DDR-Bürger, »Öffnung der Mauer« vom 8. zum 9. November.
[2] »Wochen später« ist wohl falsche Wahrnehmung. Es war gerade acht Tage her.

3

Klaus Laabs, Berlin/DDR

ULLI: Mich würde interessieren, was dein Werdegang vor allem in schwuler Hinsicht in der DDR bisher war.

KLAUS: Der Werdegang in schwuler Hinsicht – irgendwo gehört er ja doch ganz doll mit dem zusammen, was man halt sonst macht. Ich wußte mit 12 Jahren, daß ich schwul bin, insofern ist mein ganzes halbwegs bewußtes Leben immer schwul gewesen. Wann man das öffentlich gemacht hat oder sich damit abgefunden hat – das ist ja der erste Schritt, daß man sich abfindet – das steht auf einem anderen Blatt.

Ich habe nach der Schule so eine richtig verschärfte SED-Karriere eingeplant, Nomenklatura, Diplomatiestudium in Moskau. Dann haben die aber mitgekriegt, daß da irgendwas ist, was nicht sein soll; wußten nicht was, aber irgendwie war ich anders. Das war dann auch sehr schnell vorbei. Ich hab' vor lauter Verlegenheit drei Jahre Armee gemacht, dort allerdings die große Liebe meines Lebens kennengelernt, der inzwischen irgendwo im SED-Apparat versackt ist ... aber ich bin schuld. Dann hab' ich eben Romanistik studiert, weil Fremdsprachen was sind, was einem keiner so schnell wegnehmen kann, und habe mich dann nach ziemlichem Hin und Her als Übersetzer durchs Leben geschlagen. Das hing allerdings auch ganz unmittelbar mit schwulenpolitischen Dingen zusammen: 1984 gab's die erste große Ausreisewelle der DDR. Und ich habe mich immer auf dem ganz, ganz linken Spektrum der SED gefühlt, und nicht nur gefühlt, sondern auch dementsprechend was getan, aber schwule Probleme waren damals nicht so sehr mein Problem, mich hat's doch mehr zu der großen Politik gezogen.

ULLI: Wie hast du als aktiv und bewußt Schwuler die Gruppenbildung erlebt?

KLAUS: Die habe ich sehr früh miterlebt. Es hat ja mal eine ganz frühe Phase gegeben nach den Weltfestspielen 1973. Das ist aber bald wieder runtergedrückt worden. Dann hat es Anfang der 80er – 1982, 83 – so eine Phase gegeben in Berlin; zu der Zeit liefen bereits Dinge in Leipzig. (Kurios im übrigen diese Duplizität der Fälle: die Oktober-/Novemberrevolution in der DDR hat ja ihren Ausgang auch in Leipzig genommen.)

Die Berliner Schwulenbewegung ist Ende der 70er dann regelrecht zerschlagen worden, aus politischen Gründen der Staatsraison und so weiter, die

Leute sind atomisiert worden, es ist nichts mehr zusammen gelaufen.
Dann, Anfang der 80er, ich studierte gerade Romanistik, und mein damaliger Freund, also mein aktueller Ex-Lover, erzählte mir: »Hör zu, da treffen sie sich in so einer Wohnung bei jemandem, das ist bestimmt was für dich, komm mal mit«. Und dann waren da so 40, 50 Leute, die Wohnung wurde bald zu eng. Man traf sich dann in der *Philippuskapelle*, das ist so eine ganz kleine Kapelle am Rande der Stadt, in Hohenschönhausen, da, wo die Wüste anfängt mit den Neubauten. Das war aber eine tolle Kapelle. Man saß im großen Kreis zusammen und hat überlegt, was machen wir nun, wie finden wir uns zusammen? Irgendeine Form der Organisation wurde gesucht.
Leider haben sich damals, aufgrund der politischen Großwetterlage, dieser Rahmenbedingungen, diejenigen durchgesetzt, die gesagt haben, unser einziger Raum ist die Kirche. Ich hatte keine Lust, diese schizophrene Situation mitzumachen, und habe daraufhin die schwule Sache ein bißchen hängen lassen und mich wieder mehr in der Partei engagiert.
Dann kam diese Geschichte ’84, die erste große Ausreisewelle. In der Uni hatte so ein kleiner Funktionär auf unterer Ebene wichtigtuend erzählt: »Wir trennen uns von all denen, die ein falsches Verhältnis zu unserem Staat, zur Arbeit und zum anderen Geschlecht haben.« Da war mir klar, so ein Bonmot – für Parteikreise war es das – wächst nicht auf seinem Mist. Das muß von ganz oben kommen. Ich vermutete damals Hager[1]; durch eine gezielte Indiskretion ist dann später klargeworden, daß es Hermann Axen[2] war. Gemeint war ja ganz klar: »Wir trennen uns von den politisch Unliebsamen; von denen, die nicht arbeiten wollen, was so schön auf DDR-Deutsch heißt – oder auch schon früher – die ›Asozialen‹; und von den Schwulen und Lesben«. Das war eine Zeit, wo ich sehr aktiv in die Szene einstieg und erlebte, wie sich bestimmte Schwulenkneipen von Woche zu Woche leerten.
Dadurch bin ich mit mir in Konflikt gekommen: bisher war das für mich politisch nicht so das Thema mit den Schwulen, weil sie mich politisch nie so richtig überzeugen konnten. Dann hab’ ich aber gemerkt, jetzt mußt du was sagen, und hab mich morgens um zwei hingesetzt und ein Papier geschrieben, wie ich mir dachte, man müßte eine marxistische Schwulenpolitik machen, habe das noch zwei anderen gezeigt, unter anderem einem Dozenten der Philosophie an der Sektion Marxismus-Leninismus[3] und anderen, sodaß sozusagen eine schwule Verschwörung stattfand. Das müssen die Genossen scharf beoachtet haben, denn als ich auf mein Recht pochte, innerhalb des

Parteistatuts über alle Probleme in der Partei diskutieren zu können, auch über solche Probleme, da war ich dann plötzlich innerhalb von Stunden aus der Partei raus. Das war sozusagen mein *Going public*. Davor war das einfach mein »Privatproblem«.

Mein Problem ist gewesen, daß ich innerhalb der Gruppen nie so klargekommen bin. Diese Gruppen repräsentieren nur einen Bruchteil der Schwulen und auch nur einen Bruchteil der Bewegung. Was an Bewegung läuft, geht zum großen Teil an den Gruppen vorbei oder überholt sie, die Gruppen rennen immer hinterher.

ULLI: Das bringt mich auf die nächste Frage nach den aktuellen Ereignissen. Welche Rollen können da Schwule spielen? Tun sie das schon, oder was kannst du dir darunter vorstellen? Was wünschst du dir?

KLAUS: Ich war selber ziemlich mittendrin. Am 2. Oktober war eine Mahnwache in der *Gethsemane-Kirche* für die Leute, die in Leipzig bei den Demos verhaftet wurden. Da habe ich gefühlt, da ist ein Punkt, da mußt du mitmachen. Das lag in der Luft. Es war klar, der 7. Oktober[4] kommt, man mußte also irgendwo Koordinationspunkte schaffen. Ich hab' mich da also reingekniet. Abgesehen davon, daß da sehr nette Jungs mitgemacht haben, und ich einfach das Gefühl hatte – wirklich, ich hab' mich selten im Leben so gut gefühlt.

Und dann kommen da nachmittags am 7. Oktober zwei Jungs, die – wir haben also tagelang Unterschriften gesammelt, Flugblätter verteilt in Solidarität mit den Verhafteten – und am 7. Oktober kommen zwei Typen, die ich ein bißchen kannte und hatten ein Papier, sie wollen also auch Unterschriften sammeln für die Freilasung der Verhafteten, und zwar als Schwule, verbunden mit schwulenpolitischen Forderungen. Nun hatte ich im Sommer schon versucht, die ganze Schwulengeschichte ein bißchen aufs politische Gleis zu bringen, indem ich eine Art Aufruf verfaßt hatte, sich auf irgendeinen Kandidaten zu einigen, weil spätestens '91 Volkskammerwahl sein würde. Ich hatte gedacht, man kann ja durchaus versuchen, trotz dieser offensichtlichen Manipulationen der Kommunalwahlen im März rechtzeitig die Strukturen auszunutzen, einen Fuß in die Tür zu kriegen und schwule Kandidaten aufzustellen, die offen schwule Belange vertreten, sei es über SED oder CDU etc.. Das Ding war verpufft – wie mir hinterher klar wurde, völlig zurecht – weil für die schwulen Kirchengruppen Wahlen unter den damaligen Bedingungen gestorben waren, das war kein Thema mehr, die Manipulation war so offensichtlich, daß sie keine Lust hatten, da noch Kräfte zu investieren. Und die anderen wiederum, also diese staatlich Finanzierten, Protegierten, Angebundenen, Eingebundenen – denen war das alles viel zu ungeheuer, die haben deshalb nicht mitgemacht. So daß die Sache für mich wieder ein großer Kraftakt war, aber nichts dabei rausgekommen war – und da war ich dann richtig toll froh, als am 7. Oktober zwei zu mir kommen, sagen, wir haben so ein Papier gemacht – ob ich unterschreibe.

Hab' ich draufgeguckt und gesagt: »Bitte, gern, aber das und das und das fehlt.« Da waren einfach bestimmte Themen überhaupt nicht präsent. Da haben sie gesagt: »Ja, wir haben das gestern abend so auf die Schnelle gemacht.« Ich sag': »OK, ich guck' mal rüber, versuch' das ein bißchen weiter zu machen«, hab' das Papier geschnappt und ging nach Hause. Das war so nachmittags.

Nun wußte ich, um fünfe hätte sein können, also wurde vermutet: auf'm Alex Demo. Dachte ich, jetzt hast du – vielleicht war es auch im Unterbewußtsein, man hat dann vor sich selbst eine Rechtfertigung, warum man um fünf nicht auf'm Alex war; ich hatte ja zu tun, mußte wieder mal ein Papier machen. Um halb sieben klingelt das Telefon, da riefen die beiden an: »Was ist denn nun, wo bleibt das Papier« ad 1, und ad 2: auf dem Alex 7000 Leute eingekesselt. Ich – war gerade fertig in dem Moment, letzter Satz – Papier liegenlassen, auf's Fahrrad geschwungen, runtergeradelt und voll ins Gemenge gekommen; fand ich auch ganz toll, ich hab' da auch ein paar Schwule gesehen, und ein ganz lieber Junge fiel mir mit einem Freudenschrei um den Hals, und ich hatte das Gefühl, jetzt bist du dabei – das endete damit, daß ich dann drei Wochen im Krankenhaus war.

ULLI: Wegen der Polizeiübergriffe?

KLAUS: Ja, ich bin dann in der Nacht mächtig niedergeknüppelt worden und hatte versucht zu entkommen, weil man ja irgendwo ahnte, was einem bevorsteht, wenn man dort verhaftet wird. Es gibt jetzt große Untersuchungsausschüsse wegen dieser Übergriffe, aber wenn man sich das mal vor Augen hält, sind die ja harmlos, die Übergriffe. Ich muß es wirklich so knallhart sagen, auch wenn manche Leute, die das erlebt haben – sicherlich ist es für die was Traumatisches gewesen. Aber wenn man sich den Unterschied vor Augen hält: in Peking sind die Panzer gerollt, bei uns sind sie nicht gerollt. Natürlich – sie hätten rollen können, es lag in der Luft, wir hatten sogar damit gerechnet, also es nicht für ausgeschlossen gehalten, und ...

ULLI: Was sind denn eure Vorbilder? Sind die im Osten oder im Westen? Wenn du Peking sagst ...

KLAUS: Gerade diejenigen, die aus einer marxistischen Überzeugung oder Bildung heraus – sagen wir's mal so –, also aus Dingen heraus, die man nicht mehr los wird – ich möchte das wirklich nicht mit einer Religion vergleichen, sondern man weiß halt bestimmte Dinge, und die kann man dann nicht mehr über Bord schmeißen – aus diesem Wissen heraus ...

ULLI: Ist das, was in osteuropäischen Staaten oder sogar in China passiert, interessanter für dich im Bezug auf die aktuelle Entwicklung, als das, was der Westen zu bieten hat? Es gab ja hier den Spruch *»im Westen nichts Neues«*, was hältst du davon?

KLAUS: Der Westen ist fürchterlich langweilig. Miefig. Ich habe ja in der Sowjetunion studiert, so daß ich ganz gut Russisch kann und mir die Sache dort immer sehr nahe ging. Das Heraufziehen von Gorbatschow war für mich ein historisches Weltwunder, was einen dann mit Hoffnungen erfüllt hat, die eigentlich gar nicht mehr da waren. Da ist plötzlich was ganz, ganz Neues gekommen.

Dann war natürlich dieser Widerspruch wahnsinnig gewachsen, daß dort, in diesem Land, wo man, wenn man es von innen heraus kannte, sich kaum noch was zu erwarten traute, plötzlich so viel passiert. Und bei uns, in dieser kleinen DDR schaffen wir es Tatsache, so eine Insel zu halten, eine Bastion des Stalinismus, daß das einfach unerträglich war. Man hat sich von Monat zu Monat, dann von Jahr zu Jahr getröstet: naja, noch ein Jahr ..., dann noch zwei Jahre ... Und daß es nun so schnell geht, hängt damit zusammen, daß es alles so angestaut ist.

Aber das ist natürlich ein Unterschied: viele, die jetzt zum ersten Mal in den Westen können, deren Weltbild maßgeblich von der Glotze geprägt ist, die nun vor den Schaufenstern stehen und nicht begreifen, daß Schaufenster eigentlich so was ähnliches wie Glotze sind, daß zwischen Schaufenster und dem Leben der Menschen doch ein Unterschied ist. Ich befürchte, wenn die sagen, wir wollen in die und die Richtung, ich glaube, da müssen wir als Linke (unabhängig von den ganzen schwulen Bezügen) das auch schlucken. Dann müssen wir sagen, OK, wir haben verspielt. Ich halte nichts für gefährlicher als weiterhin dieser Illusion nachzuhängen, irgendjemandem zu seinem Glück verhelfen zu wollen.

ULLI: Dein Einfluß, der linke Einfluß auf die Schwulenszene, ist der stark oder schwach? Wenn ich dir so zuhöre, ist er stark auf der einen Seite: aktiv, aber auch schwach: was die Allgemeinheit angeht. Ist das richtig?

KLAUS: Naja, die Allgemeinheit ... Was ist überhaupt Schwulenszene? Was ist Schwulenbewegung? Nimmst du sie als die Gruppen? Ich bin der Meinung, die Gruppen erreichen nur einen Bruchteil.

Dann gibt's natürlich viele Schwule, die durchaus das schwule Problem für sich akzeptiert und als gesellschaftliches erkannt haben, für die das Problem trotzdem zweitrangig ist. Auch ich habe lange Zeit versucht, in anderen Zusammenhängen Politik zu machen und kenne Leute, die zur Zeit dabei sind, dem Politbüro Empfehlungen zu schreiben, Berater von Hans Modrow[5] sind und weiß ich was, die schwul sind, aber für die das einfach nicht das Thema ist.

Und diese Gruppen bei uns, das muß ich in aller Härte sagen: das ist Vereinsmeierei.

ULLI: Das war jetzt sehr lang, sehr informativ; ich danke dir für alles, was du erzählt hast.

(Nachbemerkung: Klaus Laabs wurde mittlerweile rehabilitiert, d.h. seine durchgängige SED-Mitgliedschaft rückwirkend seit 1972 anerkannt. Er arbeitet jetzt in der SED-PDS.)

[1] Kurt Hager, damals Chefideologe der SED.

[2] Hermann Axen, über Jahrzehnte hinweg Sekretär des ZK der SED für internationale Beziehungen.

[3] wer wohl – Thinius.

[4] 40 Jahre DDR.

[5] SED-Ministerpräsident der Übergangsregierung der DDR, vorher als reformwillig geltender Bezirkschef in Dresden.

4

Jürgen Lemke, Berlin/DDR

ULLI: Darf ich vorstellen: die schwule Stimme der DDR, Jürgen Lemke. Ich kann erstmal nicht mehr sagen als deinen Namen und möchte dich bitten, dich vorzustellen, auch im Hinblick auf deine Aktivitäten im Schwulenbereich in der DDR.

JÜRGEN: Zunächst muß ich meinen Beruf nennen: Ich arbeite als Dozent an der Hochschule für Ökonomie und mache dort so etwas wie sozialistisches Marketing. (Jahrelang durfte man das nicht sagen, jetzt kann man das sagen.) Seit ca. 10 Jahren schreibe ich und hab' da einige Dinge gemacht. Nicht alle sind verlegt worden; das hat Gründe. Die erste größere Sache ist dieses Buch *»Ganz normal anders«*[1], und die zweite Sache wird diese Theateraufführung sein, die im Januar in Berlin Premiere hat[2] und unmittelbar danach in vier anderen Theatern in der DDR nachgespielt wird, und dann ist eben dieses Fernsehspiel, woran ich zur Zeit arbeite, das soll 1990 produziert werden.

ULLI: Was hast du denn für Perspektiven? Hast du konkrete Vorstellungen von Perspektiven für Schwule in der DDR, auch aus deinem Hintergrund?

JÜRGEN: Ich denke, daß das, was im Moment passiert in der DDR, so etwas wie eine Stunde Null ist, und da gilt es unbedingt, sich zu formulieren und zu artikulieren, Forderungen zu stellen, und – mir ist das zu kompliziert, wenn ich das jetzt darstellen sollte, die Bindung zwischen Schwulenbewegung und umfassenderer Bewegung. Auf jeden Fall geht's in die gleiche generelle Richtung, wobei man das auch wieder nicht zu einfach sehen sollte, daß das, was im Generellen passiert, auch im Interesse der Schwulen sei. Aber ich meine, daß man sich da unbedingt einbringen muß, zum Beispiel auch in parlamentarische Bahnen. Daß wir jetzt unsere Forderungen stellen, klipp und klar. Die Bedingungen sind günstig – ich schätze das so ein – daß man uns auch anhört. Ich würde es mal ein bißchen vereinfacht, banal ausdrücken: jeder wird im Moment angehört, der in der DDR bleibt. Ob das dann auch umgesetzt wird oder was damit passiert, ist 'ne andere Frage, aber angehört wird erstmal jeder; und ich meine, daß die Leute – sagen wir mal ruhig, diejenigen, die sich ein bißchen an die Spitze gestellt haben, sich gemeinsam darstellen und auch fordern. Das wird sicherlich 'ne ganze Menge

Organisatorisches verlangen. Es werden sich Schwule und Lesben zur Verfügung stellen, die in verschiedene Kommissionen oder Gremien hineinmüssen. Noch ein Beispiel: ich kann mir vorstellen, daß jetzt in der Bildungsreform nachgehakt werden muß, damit Schwulsein in die Volksbildung aufgenommen wird.

ULLI: Ich will nochmal zurückfragen zu deinem Buch *»Ganz normal anders«*. Bist du initiativ geworden oder ist jemand auf dich zugekommen?

JÜRGEN: Begonnen hab' ich ja mit diesem Buch etwa 1980, ich habe nebenher noch andere Dinge gemacht. Zu dieser Zeit gab es in der DDR keine Schwulenbewegung. Da gab es aber trotzdem Informationen über die Schwulenbewegung in der BRD, und eine Hoffnung war, daß sich auch in der DDR etwas entwickeln würde. Wobei ich sagen muß: auch noch '86, als ich das Manuskript dem *Aufbau-Verlag* gab, glaubte ich nicht daran, daß das Buch erscheinen kann. Mit diesem Buch hat sich mein Leben extrem verändert; das war, wenn man so will, auch ein Coming out. Das war für mich am schwierigsten – es war nicht schwierig, aber in meinen Vorstellungen – bei meinen Studenten. Und da hat sich das Gegenteil erwiesen: bei meinen Kollegen war es viel komplizierter, die waren irritiert, die Studenten nicht. Ich fand das überraschend. – Ein Schritt zog den anderen nach sich. Ich bin überrascht über die Vielzahl von Leseeinladungen und die Resonanz des Buches in der DDR: Fernsehen, Theater ... Das ist ein bißchen die Konjunktur, grünes Licht. Man kann nur hoffen, daß es nicht nur anhält, sondern auch was bewirkt.

Morgen wollte ich auch sehr viel reden. Die letzten vier Wochen haben mehr bewirkt in meinem Selbstverständnis als viele Jahre, wenn ich zum Beispiel an die 70er denke. Es ist unheimlich viel passiert in den letzten Wochen. Das ist so eine Mischung von euphorischem Optimismus – und wenn man dann an die Realitäten denkt, ich bin ja von Haus aus Ökonom, wenn ich bestimmte Dinge sachlich betrachte, weiß ich nicht, was passiert.

ULLI: Wir werden es sehen. Dank dir.

[1] LEMKE, JÜRGEN: *»Ganz normal anders. Auskünfte schwuler Männer«*, Aufbau-Verlag, Berlin/DDR 1989; in der BRD bei Luchterhand, Neuwied u. Darmstadt 1989.

[2] *»Männerbiographien in der DDR. Ich bin schwul«* im tip (Theater im Palast). S. auch *Interview* mit LEMKE in: tip-Programmheft 10/89-3/90, S. 3.

5

Lutz Möbius, Leipzig

ULLI: Ich wollte dich als erstes nach deinem Namen fragen, und verbunden damit auch zu deinem Werdegang als Schwuler in der DDR.

LUTZ: Mein Name ist Lutz Möbius, 24, aus Leipzig, auch in Leipzig geboren. Gelernt hab' ich erstmal noch nichts, habe auch keinen Beruf; ich arbeite als Exportkaufmann im Leipziger Messeamt. Zwölf Jahre Schule, drei Jahre Nationale Volksarmee, danach den Jura-Studienplatz zurückgegeben und erstmal mit Arbeiten angefangen, mit dem Ziel, irgendwann noch Ökonomie oder Außenhandel zu studieren, irgendwas in der Richtung, was ich jetzt schon arbeite. Schwulenbewegung: das ist insofern lustig – 1982, wo ich in Grimma[1] auf die Penne gegangen bin, kam eine Gruppe, damals als SDAJ tituliert, wobei nur ein einziger in der SDAJ war. Da lernte ich den Dirk kennen, der ja auch hier ist. Damals erstmal ein Briefwechsel über allgemeine Politik, über was man so spricht, bloß nicht in irgendeine sexuelle Richtung oder irgendsowas, er hat sich also nicht hingestellt und gesagt, daß er schwul ist. Es kam dann später irgendwann dazu, daß er geschrieben hat, er müßte mir jetzt einfach der Ehrlichkeit wegen mitteilen, daß er schwul ist. Das war für mich der Gongschlag (ich wußte es ab 14 oder schon früher): jetzt hast du einen, der mit dir über das spricht, was dich bewegt. Das war der Anfang von meinem Coming out.

ULLI: Bist du daraufhin in eine Gruppe gegangen?

LUTZ: Das war damals noch gar nicht möglich. Ich wußte also, daß ich schwul bin, hatte auch jemanden kennengelernt, der es auch ist, das war der erste und einzige bis dahin. Im selben Jahr (1983), als wir zusammen Urlaub gemacht haben, sagte Dirk mir, in Leipzig gibt es eine Schwulengruppe in der *evangelischen Studentengemeinde*. Ich sagte, das kann nicht sein, das müßte ich wissen. Er sagte, »ich hab' das in irgendeiner Zeitung gelesen, ich hab' die Adresse und wir fahren da hin«. Das war im Sommer, da hatten die Pause; wir sind zum Studentenpfarrer, und siehe da, die gab es also wirklich. Da bin ich im September erstmals hingegangen – allerdings mit großem persönlichem Widerstand. Auch unter dem Vorzeichen, daß mir zwei Monate später die Armee bevorstand und ich dagegen nichts machen konnte. Ich habe mich sehr gewehrt und – für damalige Verhältnisse »mutig« – ans Wehrkreiskommando geschrieben, ich sei schwul, habe mich aber auf drei Jahre verpflichtet und sähe die psychische Belastung so stark an, daß ich nicht mehr wollte. Das ist nicht anerkannt worden. Ich habe dann die drei Jahre gemacht.

ULLI: Warst du der einzige Schwule in der Kaserne und in der Kompanie, oder?

LUTZ: Das war schon wieder »lustig«, weil ich nicht der einzige war und sogar das Glück hatte, daß ich drei Jahre mit einem anderen Schwulen zusammen war. Wir wußten das nicht sofort. Wir hatten dann aber die letzten 18 Monate ein Zweibettzimmer. Insofern war das etwas einfacher als es so vielen anderen geht, auch, was das Gefühlsleben anbetrifft, und die Belastung nicht so groß war. Du hattest ständig jemanden um dich, wo du wußtest, der ist auch so.

ULLI: Du bist jetzt in der *RosaLinde.*

LUTZ: Damals war es der *Arbeitskreis Homosexualität der ESG*. Ich bin auch noch beim Arbeitskreis, muß irgendwann mal abwägen. Beides wird zuviel. – Das ist in Leipzig auch das Besondere, daß es uns vergleichsweise einfach gefallen ist, den normalen Kontakt mit der kirchlichen Gruppe zu halten, wo andere Berührungsängste hatten, weil wir auch alle aus dieser Kirchengruppe gekommen sind. Wir haben sozusagen nur das Angebot erweitert für die, die nicht bereit waren, in kirchliche Gruppen zu gehen, weil die gesagt haben, sie seien nicht kirchlich engagiert. Ich bin LDPD-Mitglied, nie kirchlich erzogen worden, nicht getauft und nichts, und es hat mich nicht gestört, daß das im Rahmen der Kirche stattgefunden hat, weil es nicht vordergründig kirchlich war, sondern nur eine Heimstatt geboten hat.

ULLI: Wie setzt sich *RosaLinde* vom *ESG-Arbeitskreis* ab? Sind die Schwulen aus dem Arbeitskreis ausgetreten und haben 'ne neue Gruppe gegründet, oder wurde *RosaLinde* als Angebot von offizieller Seite eingerichtet?

LUTZ: *RosaLinde* ist auf gar keinen Fall von offizieller Seite gegründet worden. 1987 hat sich eine Gruppe zusammengefunden, die gesagt hat, von ihrer politischen Anschauung her (das waren SED-, FDJ-Mitglieder): wir wollen nicht ausschließlich in der Kirche arbeiten und da einen Deckmantel suchen, um schwule Arbeit, Schwulenbewegung zu machen. Wir wollen was Eigenes machen. Da haben sich von beiden Seiten Leute zusammengefunden und gesagt: wir wollen jetzt eine schwule FDJ-Gruppe. Den *Sonntags-Klub* in Berlin gab es ja schon.[2]

Wir wollen nicht, daß sich nur Jugendliche von unserem Programm angesprochen fühlen, deshalb werden wir den Begriff »Jugendklub« vermeiden, auch wenn wir den Status erlangt haben werden[3]. Wir wollen eine möglichst große Gruppe ansprechen, keine Spezialisierung, sondern für alle oder viele da sein, weil es ja in Leipzig nur zwei Gruppen gibt und wir im Haus der Volkskunst nur Platz für 60 Leute haben. Wenn wir Jugendklub sind, werden wir wöchentlich eine Veranstaltung machen in der Form wie bisher. Weiterhin soll es auch jede Woche einen Klubabend geben. Wichtig ist auch – wir sind zwar hier nur unter Schwulen, aber – die Frauenarbeit, weil ja bei uns diese Trennung Lesben – Schwule bisher nicht existiert. Wir haben die Frauen immer wieder gefragt: wollt ihr selbständig sein? Unsere Frauen zumindest legen immer sehr viel Wert darauf, auch bei den Frauenveranstaltungen viele Männer dabeizuhaben, ob nun Schwule oder andere, ist egal; daß dann zu den wöchentlichen Veranstaltungen wenigstens zwei im Monat dazukommen, die zumindest von den Frauen organisiert sind. Ob das dann reine Frauenthemen sind, sei dahingestellt; aber die wollen das zumindest selber organisieren und das Publikum, genauso wie wir, breitfächern[4]. – Unser Vorteil gegenüber dem Arbeitskreis der ESG ist auch, daß dieser zwar versucht hat, das Publikum auch in den Bereich von Heterosexuellen zu führen. Aber das ist ihm mißlungen, weil schon die Räumlichkeit manche hinderte zu kommen. Das ist in der DDR zumindest so: Kirche ist etwas Außergewöhnliches, da gehe ich nur hin, wenn ich direkt angesprochen bin. Deshalb war das für die nicht möglich. Wir haben diese Möglichkeit, auch ein breiteres Kulturangebot, weil wir mehr Finanzen haben und viel mehr machen können. Das war auch bisher so: wer sich interessierte, ist gekommen, egal ob schwul, lesbisch oder heterosexuell. Dadurch sind manche sogar zum erstenmal mit Schwulen oder Lesben ins Gespräch gekommen. Unser Ziel im allgemeinen ist die Integration und nicht, uns abzuheben: eigenständig sein, aber etwas Normales sein.

ULLI: Wie sehen denn deine Erwartungen an den Seminarablauf hier aus?

LUTZ: Ich bin ja auch mehr durch Zufall reingeraten, weil keiner wußte, daß es mal diese Möglichkeit geben würde, zu reisen; ich habe dann, als ich von Dirk erfuhr, daß dieses Seminar stattfindet, erstmal pauschal gesagt, ich würde gerne dort hingehen, weil ich sowieso gerade auf Verwandtenbesuch bin. Wir wissen ja auch noch gar nicht, was für Möglichkeiten künftig bestehen. Wichtig ist für mich, die Kontakte weiterzuknüpfen und von einer rein privaten Ebene weiterzuspinnen, daß auch der Kontakt zwischen Gruppen besteht. Für uns ist es auch wichtig, als Schwulenbewegung der DDR von anderen Bewegungen zu lernen, weil die schon jahrelang existieren. Vielleicht auch unsere Vorteile anzubieten, und sei es nur, daß wir bessere gesetzliche Voraussetzungen haben als in der BRD. Interessant natürlich das Angebot, das von Hannover kam, partnerschaftliche Beziehungen zu Leipzig anzuknüpfen. Bisher haben wir die nur über die *DeLSI* gesucht, und in Hannover gab es keine *DeLSI*-Gruppe, aber warum nicht mit anderen Schwulengruppen? Ich denke, daß nun nach unserer »Wende« die Kontaktängste gegenüber nicht ausschließlich linken Gruppen abgebaut sind. Das war bisher immer ein Problem: wer nicht DKP- oder SDAJ-nah war, das war schon immer ein bißchen gefährlich. Aber ich denke, das ist jetzt aus dem Weg geräumt.

ULLI: Ich danke dir.

[1] Kreisstadt im Bezirk Leipzig.

[2] zur weiteren Geschichte der *RosaLinde* s. Möbius: *»Schön grell und bunt – aber nicht nur«* in diesem Band, S. 59.

[3] zum Zeitpunkt des Interviews (17.11.1989) war die Anerkennung der *RosaLinde* als »Jugendklub« gerade einen Tag alt, Lutz Möbius wußte noch nichts davon. So schnell kann's gehen.

[4] (Anm. L.M.) Mittlerweile (Januar 90) verstärken sich aber die Tendenzen, eine eigene Frauengruppe zu starten.

Olaf Brühl

Fünf Begegnungen mit »homosexuellen BürgerInnen«

Ein Nachtrag

Eine Besonderheit der real existierenden Geschichte der Schwulenbewegung in der DDR ist die Emanzipation »homosexueller Bürger und Bürgerinnen«, die artig Männchen machten und die weiße Fahne vor den stalinistischen Machtstrukturen schwenkten. Dieser Teil ungeschriebener Chronik soll hier kurz angerissen sein: das ebenso Interessante wie Gefährliche daran ist nämlich, daß die Selbstdarstellung dieser »homosexuellen Bürger und Bürgerinnen« in ihrer Realitätsnähe in etwa der Selbstbeschreibung der FDJ in ihrem »Organ«, der Zeitschrift *Junge Welt,* vor dem 4. November 1989 gleichkommt. Es ist der Augenblick, dies zu vergessen; dem möcht' ich vorbeugen.

Übrigens: in einer Hinsicht scheint die Wende z.B. am Informationsblatt des *Sonntag-Klubs* spurlos vorbeigegangen zu sein: in der Liste schwuler und lesbischer Gruppen der DDR fehlen alle kirchlichen Gruppen. Das schlägt ausdrücklichen Verlautbarungen von mehr Toleranz ihnen gegenüber, gar einer Bereitschaft zur Zusammenarbeit ins Gesicht, drückt aber um so deutlicher die Tendenz der Redaktion aus, die Pionierarbeit grad jener Initiativen zu ignorieren, durch die ein Vorstoß auch auf nicht-kirchlichem Gebiet erst ermöglicht wurde. Mit »staatlich« hatten die nicht-kirchlichen Gruppen übrigens nicht mehr zu tun als die Wunschrichtung. Staatlich, das hätte bedeutet, daß staatliche Stellen diese Arbeit eingeleitet hätten. Das war nie der Fall, es gab nur die Duldung, dann eine Förderung und schließlich auch so etwas Krudes wie z.B.

den kulturpolitischen Arbeitsanweis an alle Jugendklubleiter der DDR, mindestens einmal im Monat eine Veranstaltung für »homosexuelle Jugendliche« zu ermöglichen. (Wer es damit nicht so genau nahm, brauchte selbstredend deshalb nicht gleich mit disziplinarischen Gesprächen zu rechnen, wie früher im umgekehrten Falle.)

Fünf Blitzlichtaufnahmen aus meiner Erfahrung:

1. Blitzlichtaufnahme, 1986:

In einem Berliner Jugendklub läuft meine monatliche Veranstaltungsreihe *Lese-Theater in music,* die nur schwule Texte offeriert. Dem schwulen Chef vermittle ich den Kontakt zu Leuten, von denen mir jemand berichtet hatte: es gäbe da einen »Freundeskreis«, der Aufklärungs- und Kulturarbeit zum Thema Homosexualität machen möchte, unabhängig von Kirchen und damit zugänglich für »Betroffene«, die entweder nichtkirchlich sind oder durch ihre Arbeit bzw. Parteifunktion unfrei, kirchliche Räume zu besuchen. Ich finde das legitim und bin begeistert, rede dem Freund zu, diesem Kreis seine Arbeit im betreffenden Klub im Herzen Berlins zu ermöglichen, weil es wichtig ist, Alternativen zur Kirche zu schaffen.

Tatsächlich funktioniert die Kuppelei, und an einem Sonntagnachmittag, an dem ich verhindert bin, wird der *Sonntags-Klub* gegründet. Erst danach lerne ich seine LeiterInnen kennen, komme ins Gespräch mit Uschi Sillge und Uwe Zobel. Beide (das werde ich nie vergessen, es wirkt fast wie ein Trauma) beteuern mir redselig und mit einem Unterton von Stolz, der fast peinlich an Prahlerei grenzt, wie sehr sie Homosexuelle in den real existierenden Sozialismus integrieren wollen, um zu zeigen, daß diese »genauso pflichtbewußte Bürger wie alle anderen« sind und »nichts gegen den Staat haben«. Sie erzählen von Gesprächen mit der Stasi, die sie mißtrauisch aufgesucht, aber wohlgesonnen verlassen habe: in diesem Sinne müsse man Akzeptanz und Förderung eines schwullesbischen Zentrums in Berlin erreichen, bei Magistrat, Polizei und Partei. Homosexualität sei nicht identisch mit Staatsfeindlichkeit, Kirche oder Kriminalität, das müsse endlich mal gelernt werden, um den betroffenen Bürgern ein menschenwürdiges Leben innerhalb der sozialistischen Strukturen – die sie ausdrücklich anerkennen – zu ermöglichen. Sie (Sillge) habe auch schon gute

Kontakte aufgenommen, sogar Parteimitglieder in ihrem »Freundeskreis«. Alles müsse auf der Grundlage sozialistischer Staatsbürgerlichkeit geschehen.

Im Grunde war ich froh, daß sich Leute für diese Arbeit, diesen Aufbruch gefunden hatten; und irgendwie war das auch alles für die vielen vom Staate zu Unrecht Verlassenen humanistisch notwendig: auch die brauchten erstmal ihre Freiräume, um sich zu treffen. Sozialismus aber, davon bin ich überzeugt, ist unmöglich ohne die Auflösung der bürgerlichen Geschlechterrollen und des ihnen entsprechenden Verhaltens, Sozialisierens und Produzierens in der gesellschaftlichen Wirklichkeit. – Ich kam auf die untergründige kleinbürgerliche Doppelmoral und die autoritäre Infrastruktur der Menschen unseres Landes zu sprechen, und daß darin das Fundament für jene faschistoide Diskriminierung liegt, die Hand in Hand einhergeht mit jenem Betrug, der sich fälschlicherweise »Gleichstellung der Frauen in der DDR« nennt. Ich nannte historische Wurzeln und moderne Zusammenhänge, ich kam zu sprechen auf Autoren wie Dannecker/Reiche, Wilhelm Reich, wagte sogar Freud zu nennen, Theweleit, Gerhard Vinnai (*Das Elend der Männlichkeit*), Guy Hocquenghem, Ernest Bornemann, Rüdiger Lautmann usw.: diese Literatur war ihnen unbekannt. Ich meinte, man müsse das doch schon mal zur Kenntnis nehmen; der *Kinsey-Report* und *Der gewöhnliche Homosexuelle* seien schließlich fundamentale Standardwerke. Ohne Gisela Bleibtreu-Ehrenbergs Chronik des Tabus der Homosexualität sei man gewiß schlecht unterrichtet.

All dies wurde scharf abgewiesen. Man müsse seine Orientierung innerhalb der sozialistischen Realität selber finden. »Westliche Autoren«, »westliche Literatur« »brauche« man dafür nicht: an der Humboldt-Uni seien ausgewiesene Kapazitäten an landeseigener Forschung. – Bei der Diskussion um Dörner waren wir uns einig, obwohl meine Formulierung, daß Dörner der ideale Wissenschaftler für Hermann Göring gewesen wäre, als überspitzt belächelt wurde. Aber insgesamt wolle der *Sonntags-Klub* kein Arbeitskreis für intellektuelle Spinner sein, die sowieso nicht verstanden werden. Die beiden Argumente: daß man »Westliteratur« nicht brauche (und auch in der Tat nicht las, sofern es sich um die Richtung oben genannter Autoren handelte), und: daß diese »Intellektualität« unerwünscht sei, blieben hartnäckig zwischen uns stehen und wurden auch nie aufgehoben.

Dazu kam ein weiterer Punkt. Ich wollte auch zukünftig bei *Schwule in der Kirche* mitmachen und vertrat den Standpunkt, daß zumindest ein inoffizieller Kontakt und Austausch beiderseits nicht nur sinnvoll, sondern im Hinblick auf die gesamte Bewegung und ihre Effektivität sogar notwendig sei. Damit waren wir dann geschiedene Leute; ich hatte mich als ausreichend gefährliche Person erwiesen.

Schon im Mai fand die letzte Veranstaltung meines *Lese-Theaters in music* statt, weil angeblich die Stasi eine Fortsetzung der Reihe und mein Auftreten verboten habe und deshalb beim Chef des Klubs sowie beim Chef des Kulturhauses erschienen sei. (Das war damals meine einzige Einnahmequelle.) All das verlief in freundlicher Atmosphäre.

2. Blitzlicht. Ein Jahr später:

In einem Wohngebietsklub Berlins lädt der *Sonntags-Klub* zu einer Einjahresfeier mit Rechenschaftsbericht ein. Ja, Rechenschaftsbericht. Und wie auf einem FDGB-Nachmittag ging es auch zu. An weiß gedeckten Tischen wurde Kaffee und Kuchen serviert, die anständigeren »homosexuellen Bürger und Bürgerinnen« der Stadt saßen da, in entsprechender Garderobe, und hörten sich die selbstbewußten Erfolgsmeldungen an: schließlich sei man beim Staat nicht abgeblitzt! Alles im Ton von volkswirtschaftlichen oder kulturpolitischen Berichten des *Neuen Deutschland,* nicht anders war es. Und erst das Angebot! Gemeinsames Wandern, Rudern, Fotoklub, Angeln, Kino usw. Niemand sagte etwas dazu, alles schien zu voller Zufriedenheit zu verlaufen.

Mir platzte der Kragen. Ich fragte, ob es in einem derart autoritär erpresserischen Staat für Schwule und Lesben nicht vielleicht doch eine Motivation geben könnte, sich mit den historischen Ursachen, sozialpsychologischen Zusammenhängen und Phänomenen von Antihomosexualität, institutionalisierter Heterosexualität und der rasant zunehmenden Entfremdung der Individuen zu beschäftigen – wozu auch gehören würde, die eigene intolerante Haltung gegenüber Klappensexualität, Promiskuität und alternativen Lebensformen zumindest differenzierter anzudenken ...

Sofort vernahm ich aus Uwe Zobels Munde wieder die Zurückweisung, derart intellektualistische Auseinandersetzung gehöre für sie nicht zu ihrem Aufgabenbereich, und überhaupt beschäftige man sich schon im Zusammenhang mit AIDS und homosexueller Literaturgeschichte mit solchen Fragen. Das würde sonst nur alles komplizieren und problematisieren.

Damit reichte es mir endgültig: ich erinnerte an die bekannte kleinbürgerlich-faschistoide Tradition, zur Festigung bestehender Strukturen alles Analyti-

sche mit bewährter Antiintellektualität abzuwehren und zu denunzieren.
Es brodelte.

3. Blitzlichtaufnahme:

Es gibt eine nicht-kirchliche *Theoriegruppe*[1]. Auf der stellten Uwe Zobel und Colin Sherman im Frühjahr '89 einen neuen Klub vor, der durch Abspaltung vom *Sonntags-Klub* entstanden war. Rasch funktionierten sie das Zusammenkommen zu einer Werbeveranstaltung für die Beteiligung von Gruppen am Pfingsttreffen der FDJ um. Ich war baff. – Die letzte Großveranstaltung solcher Art verlief dann mit unglaublich anbiedernder Aktivität dieses Klubs, der sich (wohl auch Ausdruck einer tiefen verborgenen und unrealisierten Sehnsucht) *Courage* nennt – und vor der Wende doch keinen Schritt ohne staatliche Absicherung zu tun wagte (oder wagen wollte): alles, was nur im entferntesten Mißtrauen seitens staatlicher Stellen hätte hervorrufen oder ahnen lassen können, wurde von vornherein kategorisch abgewürgt.
Nach dem FDJ-Pfingsttreffen gab es heftige Kritik an der *Courage*-Aktion in eben jener Theoriegruppe, und auch das Verlesen des »Rechenschaftsberichtes« (der in keiner Silbe dem Deutsch unserer ehemaligen Parteiführung nachstand) durch Uwe Zobel stieß auf Ablehnung. Ich charakterisierte die gesamte Haltung ganz konkret und exakt als eben jene »Identifikation mit dem Angreifer«, die Anna Freud beschrieb: Stalinisten sind eben auch Opfer des Stalinismus.
Nicht zuletzt ein Coming-out-Problem.

4. Blitzlichtaufnahme.

»Man« – *Courage* – hatte es als opportun empfunden, als einzige Vertreter der DDR-Schwulenbewegung auf der Wiener *ILGA*[2]-Konferenz aufzutreten (andere Anträge waren von der Polizei nicht genehmigt worden!). Dort hatte »man« sich eine Art »DDR-legitimierten« Alleinvertretungsanspruch angemaßt, was allerdings mißglückte. Nach dieser Erfahrung war es für mich keineswegs verwunderlich zu erfahren, daß »man«, kaum nachdem gänzlich andere Leute und Kräfte (solche nämlich, mit denen »man« nie etwas im Schilde geführt hätte, sondern sich lieber mit gerümpften Nasen von ihnen distanzierte) eine strukturelle Wende der Machtverhältnisse in der DDR erzwungen hatten, als allererste und superflink den Schritt wagte, im Westberliner *SchwuZ*[3] um finanzielle Unterstützung zu bitten. Die wurde im euphorischen Rausch der Öffnung von den ahnungslosen *SchwuZ*-Schwestern auch rasch genug gewährt. – Da hörte ich nur das Wort »Westliteratur« in mir nachklingen ... Lesen und Denken ist halt weniger lukrativ!

Und sofort ging es auch um die Gründung eines zentralen (!) Dachverbandes der Schwulen. Ohne zur Kenntnis zu nehmen, daß längst seitens kirchlich eingebundener Kräfte eine fundierte Vorarbeit auf diesem Gebiet lief – und natürlich, nachdem dies in Kritik der unzulänglichen Vorbereitung der *Courage*-Leute bekannt wurde, ohne Bereitschaft zu kooperieren: schwupp ...

5. Blitzlicht

... saßen die bekannten Leute wieder an der Stirnseite des Tisches und versuchten wieder mal, die Enden der Fäden mit den Fingernägeln festzuspicken ... Verinnerlichungen ...

Was ich hier in meiner subjektiven Sicht nur oberflächlich und knapp andeuten konnte, ist ein typisches und meines Wissens spezifisches Kapitel der DDR-Schwulenbewegung, das noch gewissenhaft nachzuzeichnen sein wird. Nicht schmälern möchte ich die Verdienste jener Ecke, nur mal scharf auf die Besonderheiten hinweisen, bevor der Wind sie verweht hat: Anpassung um jeden Preis!

[1] zur Theoriegruppe s. auch die 3. Gesprächsrunde in diesem Band.

[2] ILGA = International Lesbian and Gay Association (internationaler Lesben- und Schwulenverband).

[3] SchwuZ = selbstverwaltetes SchwulenZentrum in Westberlin.

Dokumentation:

Für Anerkennung und Gleichberechtigung von Lesben und Schwulen

Grundsätze und Maßnahmen (Karl-Marx-Städter Plattform)

Seit Beginn der achtziger Jahre bemühen sich Lesben und Schwule um ihre vorbehaltlose Anerkennung und Gleichberechtigung. In Emanzipationsgruppen, den Arbeits- und Gesprächskreisen bei einzelnen Kirchengemeinden, in Klubs an Kulturhäusern arbeiten Menschen aus allen Berufen und mit unterschiedlichen Weltanschauungen zusammen. Sie haben sich zum Ziel gesetzt, der Diskriminierung von Homosexualität auf vielen Ebenen und in verschiedenen Bereichen unserer sozialistischen Gesellschaft ein Ende zu setzen.

Sie gehen dabei aus von der durch die Wissenschaft gesicherten Erkenntnis: das menschliche Geschlechtsleben hat eine große Variationsbreite. Das bezieht sich sowohl auf die Stärke des Sexualtriebes wie auf Ausdrucksformen im sexuellen Verhalten. Die Sexualität des Menschen steht nicht nur im Dienst der Reproduktion. Dies ist nur eine Teilfunktion, und bezogen auf das Sexualleben des Menschen ist sie noch nicht einmal die wichtigste. Männer und Frauen suchen und erleben in der Sexualität Freude am Körper, Zärtlichkeit, Lust und Sinnlichkeit, das Gefühl von Wärme und Geborgenheit. Das alles ist möglich nicht allein in Intimbeziehungen zwischen Menschen unterschiedlichen Geschlechts. Es zu erleben ist möglich auch in Paar- und Partnerschaftsbeziehungen von Menschen gleichen Geschlechts. Insofern gehört Homosexualität zu den Varianten im menschlichen Geschlechtsleben. Sie ist eine gleichwertige Ausdrucksform der Sexualität des Menschen.

Zusammen mit gesellschaftlichen Organisationen und Institutionen haben Lesben und Schwule in den zurückliegenden Jahren die Öffentlichkeit über Homosexualität informiert, haben zu Bewußtseinsbildung und Einstellungsveränderung beigetragen. Ihr Ziel war und ist es, Bedingungen zu schaffen, die es ermöglichen, Homosexualität in vielen Ausdrucksformen angst- und repressionsfrei zu leben.

Angst vor Homosexualität wird Homophobie genannt. Sie ist eine wesentliche Ursache für auf unterschiedlichen gesellschaftlichen Ebenen anzutreffende negativ-abwertende und diskriminierende Urteilsbildungen. Antihomosexualität zeigt sich aber auch in Benachteiligungen von Lesben und Schwulen im Alltags- und Arbeitsleben, in der juristischen Privilegierung von Ehe und Familie, in der Ignoranz gegenüber Problemen und Fragestellungen, die entscheidend für das Wohlbefinden im Lebenszusammenhang homosexueller Frauen und Männer sind.

Um Vorurteile abzubauen, Benachteiligungen aufzuheben, ist es notwendig, auf differenten Arbeitsfeldern Probleme in Angriff zu nehmen, mit deren Lösung dem angestrebten Ziel ein Stück nähergekommen wird.

Rechtspolitik

Gesetz und Rechtsprechung sind Ausdruck gesellschaftlicher Normvorstellungen. In unserem Kulturbereich bedeuteten sie für homosexuelle Frauen und Männer zu allen Zeiten Diskriminierung und Verfolgung. Mit der Aufhebung der Kriminalisierung von Homosexualität im sozialistischen Strafrecht der DDR wurde ein beachtlicher Fortschritt erzielt. Begriffe wie Heterosexualität, Homosexualität und ihre strafrechtliche Ungleichbehandlung wurden ersatzlos gestrichen. Dennoch gibt es genügend Bedingungen, die Schwule und Lesben von der gleichberechtigten Teilhabe an vorhandenen Lebenschancen ausschließen. Dieser Umstand wirft sowohl Fragen der Rechtsgestaltung als auch der konsequenten Anwendung bereits bestehenden Rechts auf.

Rechtsgestaltung

Vorgeschlagen wird zu prüfen, inwieweit eine Erweiterung der Verfassung um die Aussage möglich ist, daß niemand wegen seiner geschlechtlichen Orientierung benachteiligt oder bevorzugt werden darf.

Zu entscheiden ist, welche an das Bestehen einer Ehe geknüpften Regelungen im Arbeits-, Steuer- und Erbrecht auch auf Unverheiratete ausgedehnt werden können.

Das Adoptions- und Sorgerecht ist durch entsprechende Richtlinien zu ergänzen, um auszuschließen, daß Geschlecht, Familienstand oder die geschlechtliche Orientierung als solche zu Kriterien werden können, einem Menschen die Adoption eines Kindes zu verweigern bzw. seine Eignung zu bestreiten, für ein Kind zu sorgen.

Während des Faschismus wegen Homosexualität in Zuchthäusern und/oder Konzentrationslagern inhaftierte und überlebende Männer und Frauen sind als Opfer oder Verfolgte des NS-Regimes anzuerkennen und entsprechend den geltenden gesetzlichen Regelungen zu entschädigen. Das gilt auch für die Opfer manipulierender medizinischer Eingriffe (Sterilisation, Kastration), die an ihnen im Zeitraum 1933 bis 1945 vorgenommen wurden.

Rechtsanwendung

Immer wieder lassen sich Unsicherheiten in der Anwendung bereits bestehender, also gültiger Rechtsvorschriften feststellen. Besonders deutlich wird das bei den nachstehend genannten Problemfeldern.

Begründung und Aufhebung eines Arbeitsverhältnisses. Menschen, die homosexuell empfinden, werden in verschiedenen Arbeitsbereichen noch immer mit dem Vorurteil konfrontiert, ihre Einstellung als offen schwul bzw. lesbisch lebende Person könne dem Betrieb/der Einrichtung nicht zugemutet werden. Häufig werden sie denunziert als »Sicherheitsrisiko« bzw. als potentielle VerführerInnen.

Bei der Begründung oder Beendigung eines Arbeitsverhältnisses darf die homosexuelle Orientierung eines Menschen kein Grund sein, den Abschluß eines Arbeitsvertrages zu verweigern bzw. seine Aufhebung zu betreiben.

Beurteilungen dürfen keine, auch nicht versteckte Hinweise auf Homosexualität beinhalten, die eine Einstellung in einen anderen Betrieb erschweren oder verhindern könnten.

Wohnraumlenkung. Die Zuweisung einer gemeinsamen Wohnung für ein schwules oder lesbisches Paar ist kompliziert, auch wenn die in der Wohnraumlenkung enthaltenen Regelungen weder ausschließlich auf Verheiratete bezogen sind, noch die heterosexuelle Orientierung der Partner in einer Lebensgemeinschaft voraussetzen. Dennoch bleiben Wohnungszuweisungen für homosexuelle Paare ausschließlich dem subjektiven Wollen der für die Wohnraumlenkung zuständigen Fachabteilung bei den örtlichen Räten überlassen.

Wir fordern die *Arbeitsgruppe Wohnungspolitik* beim Ministerrat der DDR auf, entsprechend verbindliche Regelungen auszuarbeiten und ihre Durchsetzung auf verwaltungsrechtlichem Wege zu befördern.

Veranstaltungen. Immer wieder verweigern örtliche Organe beantragte Genehmigungen für Veranstaltungen in öffentlichen Gaststätten, Restaurants, Klubhäusern usw.. Die Vorschriften der Veranstaltungsverordnung enthalten keinerlei Bestimmungen, die geschlossene Veranstaltungen (Tanz, Feiern usw.) für Homosexuelle untersagten.

Damit diese Frage nicht wieder Ermessensentscheidung der zuständigen MitarbeiterInnen bleibt, fordern wir die korrekte Rechtsanwendung durch die dem Ministerium des Innern nachgeordneten Fachabteilungen auf den Ebenen der Räte der Bezirke, Kreise und Gemeinden.

Kulturpolitik

In den dem Ministerium für Kultur unterstellten Gedenkstätten für die Opfer des Faschismus in Sachsenhausen, Ravensbrück und Buchenwald ist auf Gedenktafeln an die Opfer des Faschismus unter Homosexuellen zu erinnern.

Der *Kulturbund* wird aufgefordert, Arbeitsgemeinschaften die Beschäftigung mit Aspekten von Homosexualität in Geschichte, Literatur, Kunst und Wissenschaft zu ermöglichen.

Kommunikationsmöglichkeiten in Form von Klubs und Arbeitsgemeinschaften, aber auch Ausstellungen und Veranstaltungen, die das Bewußtsein über die Lebenssituation von Schwulen und Lesben in Vergangenheit und Gegenwart vertiefen, sind von den Abteilungen Kultur auf den Ebenen der Städte, Stadtbezirke und Gemeinden zu fördern und auch finanziell zu unterstützen.

In Zeitungen und Zeitschriften, im Rundfunk und Fernsehen sollte die Berichterstattung und Darstellung von Lebenszusammenhängen Homosexueller der Vielfalt gerecht werden und sowohl im Informations- wie im Unterhaltungsbereich regelmäßig und in angemessenem Umfang erfolgen. Zu diesem Zweck sollte auch die Herausgabe einer periodisch erscheinenden Zeitung ermöglicht werden.

Kirchenpolitik

Mit ihrem starren Verständnis von Sexualität hat die Institution Kirche über Jahrhunderte zur Verfolgung und sozialen Ausgrenzung von Menschen beigetragen, die sich im heutigen Verständnis als homosexuell bzw. schwul oder lesbisch begreifen.

Ausgehend von einem zeitgemäßen theologischen Verständnis der Bibel (der historisch-kritischen und kontextuellen Auslegung) fordern wir Synoden auf, die Schuld der Kirche zu bekennen, maßgeblich zur gesellschaftlichen Diskriminierung von Homosexuellen beigetragen zu haben.

Als Betriebe sind kirchliche Einrichtungen aufgerufen, homosexuell empfindende Frauen und Männer ohne jede Vorbehalte oder Beauflagungen zu beschäftigen. Das gilt auch für ihre Ordination als Pastor/Pastorin.

Wissenschaftspolitik

In den letzten Jahren haben sich verschiedene Studien des Themas Homosexualität angenommen. Das ist zu begrüßen. Dennoch bleibt als genereller Mangel: Die Arbeiten sind zufällige Erlebnisse aus der Forschung einzelner WissenschaftlerInnen. Sich an einem generellen Forschungskonzept zu Aspekten menschlicher Sexualität orientierende Projekte einer systematischen Beschäftigung mit Fragen zur Homosexualität gibt es nicht. Noch machen Philosophie, Ethik, Soziologie, Pädagogik, Geschichte, Literatur- und Kunstwissenschaft einen weiten Bogen um das Thema. Einige BiologInnen und MedizinerInnen versuchen, ihre Entstehung zu erklären – eine Frage, die für die Politik der Gleichberechtigung homosexueller Männer und Frauen ohne Bedeutung ist. Ausgeklammert bleiben gesellschaftlich wichtige Problemstellungen wie: aus welchen Gründen wurden Homosexuelle jahrhundertelang diskriminiert? Wo liegen Ursachen für Homosexuellenfeindlichkeit in unserer Gesellschaft? Welche Folgen haben negative Urteilsbildungen auf die Persönlichkeitsentwicklung von Schwulen und Lesben?

Wir fordern deshalb die Durchführung und Unterstützung multidisziplinärer Forschungsprojekte, die Fragen der Emanzipation und Integration Homosexueller aufnehmen und diesen Prozeß befördern. Notwendig ist ebenso die kritische Auseinandersetzung mit kleinbürgerlichen Moralauffassungen, mit einseitigen (reduktionistischen) Richtungen in der Sexualforschung.

Sexualerziehung

Erziehungsträger, insbesondere die Schule, praktizieren gegenüber dem Thema Homosexualität noch immer ein Meideverhalten. Jüngst vorgenommene Veränderungen im Lehrplanwerk haben daran grundsätzlich nichts geändert. Voraussetzung für Veränderungen von Einstellungen ist in erster Linie eine Erziehung der ErzieherInnen. Eltern und PädagogInnen müssen befähigt werden, in allen Altersstufen sachlich und frei von negativen Verzerrungen auch Homosexualität zu thematisieren.

Deshalb fordern wir in der Polytechnischen Oberschule und ihr gleichgestellten Einrichtungen, in Kinderkrippen und Kindergärten die Darsellung von Homosexualität als gleichwertig. Das ist verbindlich in Lehrplänen festzulegen. Geeignete Lehr- und Unterrichtsmateialien sind zu entwickeln.

Gesundheitspolitik

Im Internationalen Krankheitenregister der Weltgesundheitsorganisation wird unter Punkt 302.0 Homosexualität und 302.2 Pädophilie als Krankheit geführt. Dies widerspricht wissenschaftlichen Einsichten.

Wir fordern Psychologen, Mediziner und Ärzte unseres Landes auf, sich für die ersatzlose Streichung dieser Diagnosenummern einzusetzen und zugleich mit allen ihnen zur Verfügung stehenden Mitteln gegen jede direkte oder indirekte Pathologisierung der Homosexualität zu protestieren.

Versuche zur sexuellen »Umpolung« und therapeutische Zugriffe im Rahmen pränataler Diagnosemöglichkeiten sind als mit ethischen Grundsätzen ärztlichen Handelns nicht vereinbar abzulehnen.

Bei dringendem Kinderwunsch unverheirateter Frauen muß – unabhängig von der geschlechtlichen Orientierung – die Möglichkeit gegeben sein, über die künstliche Befruchtung (artifizielle Insemination) ein Kind auszutragen. Entsprechende gesetzliche Regelungen, die das derzeit nicht zulassen, sind zu ändern.

Beratungsstellen (*ESF-B*, *Telefon des Vertrauens*) sollten gezielt Hilfen zur sexuellen Identitätsfindung anbieten und fördern. Dies gilt auch für die Zusammenarbeit mit Emanzipationsgruppen. Interessierte schwule Männer und lesbische Frauen sollten – sofern sie über entsprechende Voraussetzungen verfügen – die Möglichkeit erhalten, in die Beratungstätigkeit einbezogen zu werden.

In Fort- und Weiterbildungsmaßnahmen im Gesundheitswesen ist der Themenbereich Homosexualität stärker als bisher zu berücksichtigen.

Aids-Politik

Der Anteil homosexueller Männer unter HIV-Infizierten und Aids-Kranken ist unverändert hoch. Daraus ergeben sich für den sozialen Umgang mit der Krankheit Aids verschiedene Schlußfolgerungen.

Der Gefahr einer erneuten Diskriminierung Homosexueller ist durch Aufklärung und Öffentlichkeitsarbeit zu begegnen. Homosexuelle Männer müssen gezielt und in geeigneter Form informiert werden, wie sie sich vor der Ansteckung mit dem Erreger schützen können.

HIV-Positive und an Aids erkrankte Menschen dürfen nicht verachtet werden, sie benötigen besonderen Schutz und Fürsorge. Notwendig für eine wirksame Bekämpfung der Krankheit ist die koordinierte Zusammenarbeit der Konsultationseinrichtungen des Gesundheitswesens mit den Arbeitskreisen und Klubs Homosexueller, unabhängig in welcher Stadt sie sich befinden und welcher Institution sie angeschlossen sind. Besondere Aufgaben in der Zusammenarbeit ergeben sich bei der Erarbeitung und Verteilung zielgruppenspezifischer Informationsmaterialien zum Infektionsschutz.

Entsprechend den Festlegungen im staatlichen Maßnahmeplan zur Aids-Prävention ist unverzüglich die Produktion qualitativ verbesserter, nämlich benutzerfreundlicher Kondome sowie eines wasserlöslichen Gleitgels aufzunehmen. Der HIV-Antikörpertest ist kein Mittel, um die Ausbreitung der Infektion zu stoppen; eine homosexuelle Veranlagung allein kein Grund für eine Testung. Unerläßlich für ein Vertrauensverhältnis zwischen Arzt und Betroffenen ist, daß grundsätzlich der Test freiwillig und auf Wunsch anonym vorgenommen wird. Anzustreben ist eine vorangegangene Beratung über die Bedeutung des Testes und eines negativen bzw. positiven Ergebnisses für den/die Betroffene/n.

Die Betreuung von HIV-positiven Menschen und Aids-Kranken durch Homosexuellengruppen muß gewährleistet sein.

Die hier niedergelegten Überlegungen möchten zur Diskussion und zum Handeln anregen. Sie erheben keinen Anspruch auf Vollständigkeit.

Die praktische Umsetzung wird weitgehend davon abhängen, inwieweit jede/r einzelne bereit ist, konstruktiv zu diskutieren und an der Umsetzung mitzuwirken. Es ist ein Grundwert des Sozialismus, die gesellschaftlichen Möglichkeiten zur Persönlichkeitsentfaltung allen Menschen in gleicher Weise zu erschließen. Dies ist eine Triebkraft zur ständigen Höherentwicklung dieser Möglichkeiten selbst.

Karl-Marx-Stadt, 11.6.1989
IX. MitarbeiterInnentreffen der
Arbeitskreise Homosexualität

Dokumentation:

Klaus Laabs u. a.

Für ein Leben unterm Regenbogen

»Eine Bewegung, die die Interessen der sexuellen Befreiung ignoriert oder ihrerseits unterdrückt, verdient das Prädikat, REVOLUTIONÄR zu sein, nicht.«

RAINER WERNER FASSBINDER

Die sanfte Gewalt friedlichen, aber unerschrockenen Protestes hat es ermöglicht, auch in unserem Land mit dem Umbau zu beginnen. Erneuert werden müssen nicht nur politische und wirtschaftliche Mechanismen. Als linke Lesben und Schwule, als Menschen, die es mit dem kategorischen Imperativ von Marx halten, daß es gilt, »... alle Verhältnisse umzuwerfen, in denen der Mensch ein erniedrigtes, ein geknechtetes, ein verlassenes, ein verächtliches Wesen ist«, wollen wir Liebe und Sexualität aus überlebten patriarchalischen Zwängen befreien.

Noch werden schwule und lesbische Bedürfnisse ungenügend geachtet. Der Gnadenakt, niemanden mehr als Verbrecher abzustempeln, weil er einen Menschen des gleichen Geschlechts liebt, ist uns zu wenig. Und wenn in den vergangenen Jahren unser Spielraum, die Möglichkeit, uns zu zeigen und zueinander zu finden, zaghaft erweitert wurde, dann spürten wir oft genug dahinter eher den Versuch, uns in ein veraltetes Gesellschaftsmodell zu integrieren, als den Willen zu menschlicher Emanzipation. Und selbst der Antifaschismus, ursprünglicher und historisch unzweifelhafter Daseinsgrund unseres Staates, bleibt in Gefahr, solange den Morden der Naziherrschaft das Totschweigen folgt. So verlangen wir heute nach Geschichtsbüchern, die die homosexuellen Opfer des Faschismus ins gesellschaftliche Bewußtsein rücken. Die ehemaligen KZ-Häftlinge mit rosa Winkel müssen endlich als Verfolgte des Naziregimes anerkannt werden. Aber auch jener, die in der DDR wegen ihrer Liebe zum eigenen Geschlecht verfolgt wurden, soll gedacht, sie sollen auch materiell entschädigt werden.

Um in der Gesellschaft schwul-lesbische Interessen zu vertreten, brauchen wir eigenverantwortliche Struktur und Organisation, nicht zuletzt Zugang zu Medien und Parlament. Noch bestehende gesetzliche Ungerechtigkeiten, beispielsweise das Erb-, Steuer- und Adoptionsrecht, müssen weg. Dazu bedarf es der zeitgemäßen Unverheiratetenpolitik und wohnungspolitischer Konsequenzen.

Eine verantwortliche AIDS-Politik darf nicht weiterhin an den gruppenspezifischen Problemen von Schwulen vorbeigehen und so Schuld für den Tod von Menschen auf sich nehmen. Auch ist es an der Zeit, durch ein einklagbares Recht auf Asyl das Leben jener Menschen zu schützen, die in ihrer Heimat, sei es in Rumänien oder im Iran, verfolgt werden, weil sie schwul oder lesbisch sind.

Schwulen- und lesbenpolitische Aufgaben stehen zudem in Volksbildung, Armee, Strafvollzug und anderen Bereichen auf der Tagesordnung. Gelöst werden sie am konsequentesten, wenn in der Verfassung verankert wird, daß niemand wegen seiner geschlechtlichen Neigung in irgendeiner Form diskriminiert werden darf.

Wir begrüßen die aufbrechende Meinungsvielfalt, wie sie sich in den verschiedensten politischen Plattformen, Gruppierungen und Parteien artikuliert. Wir sprechen uns für alle Formen der friedlichen, demokratischen Meinungsbildung und -äußerung aus. Wir sind bereit, für unsere schwulen- und lesbenpolitischen Ziele in und mit den sich neu formierenden politischen Kräften zu streiten.

Wir rufen alle Schwulen und Lesben auf, sich in einem **rosa-lila Forum** über Erfahrungen und gemeinsame Ziele auszutauschen. Dieser Gesprächsrahmen über bisherige Zusammenhänge hinaus soll gemeinsames politisches Handeln ermöglichen. Er kann Keimzelle sein eines pluralistischen, sozialistischen **Regenbogens,** der die Interessen verschiedenster gesellschaftlicher Gruppen wahrnimmt.

Berlin, im November 1989

Dokumentation:

Dr. Günter Grau, Dr. Rainer Herrn

Memorandum

Aktuelle Erfordernisse im Umgang mit Aids[1]

In den vergangenen Wochen ist die öffentliche Diskussion um das als Aids bezeichnete Krankheitsbild in ein alarmierendes Stadium getreten. Aids sei der Preis der Reisefreiheit, orakeln Ärzte und Journalisten. Angehörige jener Bevölkerungsgruppen, die aufgrund ihrer Lebensumstände ein erhöhtes Risiko haben, sich mit dem Erreger zu infizieren – und in der DDR sind das vor allem homosexuelle Männer – haben Angst vor repressiven Maßnahmen. Bestimmt wird die Diskussion durch eine in der DDR bislang nicht gekannte Hysterie und hektische Betriebsamkeit. Seit Mitte November überstürzen sich Pressemeldungen und Exklusivinterviews, Flugblattaktionen wurden gestartet, Konferenzen abgehalten – so als stünde eine Katastrophe unmittelbar bevor. Tief besorgt über den Mangel an verantwortungsbewußter Besonnenheit und an Kritik gegenüber der bisherigen Aids-Politik wenden wir uns an die Öffentlichkeit.

Unhaltbare Aussagen

Die bisher günstige epidemiologische Situation wird vom Vorsitzenden der Aids-Beratergruppe beim Minister für Gesundheitswesen der DDR, Prof. Dr. Niels Sönnichsen, als Erfolg unserer nationalen Anti-Aids-Strategie bewertet. Das für die DDR entwickelte strategische Konzept habe sich als richtig erwiesen, nicht zuletzt aufgrund des Umstandes, daß der Umgang mit der Aids-Problematik ein »gesamtgesellschaftliches Anliegen« sei. Diese Einschätzung können wir nicht teilen. Die bisher niedrige Anzahl von mit dem Virus infizierten sowie an Aids erkrankten Menschen dürfte eher der bisher isolierten Situation der DDR und dem Fehlen einer kriminalisierten Drogenszene geschuldet sein, als daß darin so ohne weiteres ein Anzeichen für eine hinreichend wirksame Präventionspolitik zu sehen wäre.

Auch von Aids-Politik als einem gesamtgesellschaftlichen Anliegen kann nicht die Rede sein. Zu erinnern ist, daß alle bisher festgelegten Maßnahmen (Ministerratsbeschluß vom 16.9.1987) Verschlußsache sind, auch alle öffentliche Kritik in der Vergangenheit konsequent unterdrückt wurde. Bereits 1987 gab es aus den Reihen der Evangelischen Kirche Kritik an der staatlichen Aids-Politik. Und wenn es bis heute zu keiner nennenswerten Zusammenarbeit mit den mehrheitlich bei Kirchgemeinden existierenden Arbeitskreisen homosexueller Männer gekommen ist, dann weniger aufgrund von »Vorbehalten gegenüber kirchlichen Kreisen« als wegen der dort artikulierten Skepsis an einer sich ausschließlich an infektiologischen Gesichtspunkten orientierenden Aids-Strategie.

Charakteristisch für die Aids-Politik in der DDR ist, daß der Umgang mit der Krankheit bislang vorrangig als ein medizinisches Problem betrachtet wurde. Vertreter staatlicher Gesundheitspolitik sehen darin einen »ausgesprochenen Glücksumstand«[2]. Diese Bewertung hat (mit) dazu geführt, daß bislang kaum eine sozialwissenschaftliche und ethische Erörterung von mit dem Aids-Komplex verbundenen Fragen stattgefunden hat. Der Umgang mit der neuen Viruserkrankung wurde auf ein hygienisches Problem reduziert, die Diskussion auf funktional-medizinische Aspekte eingeengt. Aids hat jedoch viele soziale Dimensionen. Es provoziert Urteile und Vorurteile. Die Krankheit fordert zur Auseinandersetzung mit traditionellen Wertvorstellungen und gesellschaftlichen Verhaltensnormen heraus. Auch in der DDR hat individuelles und gesellschaftliches Bewußtsein auf Aids prompt reagiert, ohne sich bislang aus der einseitig funktional-medizinischen Betrachtungweise lösen zu können. Seuchenhygienischen Maßnahmen wird Priorität eingeräumt. Begründet wird dies dadurch, daß »ein Erkrankter erfaßt und damit zugleich gesundheitlich betreut wird«. Dies bedeutet zugleich »Schutz für die gesamte Bevölkcrung«. Mit Öffnung der Grenzen hat sich die Diskussion zugespitzt. Als Menetekel wird an die Wand gemalt, daß in Zukunft auch die DDR bedrohlich »verseucht« sei.

Das verbreitet nicht nur Angst und Unsicherheit. Suggeriert wird auf diese Weise ein gesundheitspolitischer Handlungsbedarf, der ausschließlich von Hygienemaßnahmen bestimmt sein soll. Lieblos und seelenlos werden sie mehr Unglück stiften als Leben retten.

Entscheidend für einen Teilbereich jeder Aids-Politik – für die Prävention – ist die Erkenntnis: solange kein Wirkstoff zur Unterdrückung der HIV-Infektion und zur Behandlung infizierter bzw. erkrankter Personen zur Verfügung steht, heißt die wichtigste Aufgabe: die weitere Ausbreitung der Infektion muß eingeschränkt, Neuinfektionen müssen so weit wie möglich verhindert werden. Insofern heißt Präventionsarbeit heute: Hauptbetroffenengruppen müssen motiviert werden, freiwillig und aus Einsicht risikoarme Verhaltensweisen im Sexuellen zu erlernen, und das im Sinne langfristiger Verhaltensänderungen.

Die bisherige Aufklärungskampagne der staatlichen Anti-Aids-Strategie der DDR hat diesen Sachverhalt zu wenig berücksichtigt. Sie krankt an einer fatalen Schwäche. Was die Übertragungsgefahr des Erregers betrifft, wird nicht zwischen Hauptbetroffenengruppen und Allgemeinbevölkerung unterschieden. Besonders deutlich ablesbar ist dies an der massenhaft verbreiteten Broschüre »Aids. Was muß ich wissen? Wie kann ich mich schützen?«[3]. Ohne nach Alter, sozialem Umfeld, sexueller Orientierung zu diferenzieren, wird 16 Millionen DDR-Bürgern ein gleiches Infektionsrisiko und damit ein identisches Aufklärungsbedürfnis unterstellt.

Demgegenüber erfordert der heutige Erkenntnisstand ein differenziertes Vorgehen. Notwendig ist eine zielgruppenspezifische Aufklärungsstrategie mit den Schwerpunkten

- Konzentration auf Hauptbetroffenengruppen –
  in der DDR ist das die homosexuelle Bevölkerung;
- gezielte Präventionsangebote für gefährdete Gruppen
  im Bereich der heterosexuellen Bevölkerung;
- Informationen für die allgemeine Bevölkerung.

Was die Präventionsarbeit für die homosexuelle Bevölkerung angeht, spricht Sönnichsen neuerdings von einem »Berliner Modell«. Es soll damit der Anschein erweckt werden, es gäbe bereits eine zielgruppenspezifische Aufklärung und eine solide Zusammenarbeit mit Homosexuellen-Interessenvertretungen. »Wir als Fachleute stehen in diesen guten, selbstverständlichen Beziehungen im Hintergrund«[4]. Unmißverständlich muß gesagt werden: es gibt kein »Berliner Modell«, und von guten und selbstverständlichen Beziehungen kann überhaupt nicht die Rede sein. Favorisiert wurde lediglich eine Gruppe – die von FDJ-Zentralrat und Freidenkerverband geförderte Aids-Arbeitsgemeinschaft beim Club »Courage«. Gesundheitspolitisch wurde seit jeher im HIV-Antikörpertest ein zentrales Mittel der Aids-Prävention gesehen. Seit Öffnung der Grenzen wird öffentlich seine möglichst massenhafte Anwendung propagiert. »Jeder, der einen Intimkontakt aufnehmen will, muß sich vergewissern, ob und wann sich sein Partner auf Aids hat testen lassen.«[5] Glaubhaft gemacht werden soll damit, verantwortlich handele derjenige, der sich testen läßt – nicht derjenige, der generell in seinem sexuellen Verhalten davon ausgeht, sich und seine PartnerIn schützen zu müssen. Hinter der einschränkungslosen Propagierung des Tests[6] steht die Annahme, daß ein HIV-Infizierter, der um seine Infektion weiß, sich wesentlich anders verhalte als ein nicht getesteter Mensch. Diese Annahme hält einer kritischen Überprüfung nicht stand. Wissenschaftliche Untersuchungen zum Verhalten positiv getesteter, negativ getesteter bzw. nicht getesteter Personen konnten keine signifikanten Unterschiede im Hinblick auf infektionsrisikomindernde Praktiken im Sexualverhalten zwischen den Gruppen ausfindig machen. Demgegenüber ist der Test ein Instrument zur Kontrolle und Ausgrenzung in der Aids-Politik. Mit ihm können Infizierte und Nicht-Infizierte getrennt und damit Voraussetzungen geschaffen werden, die aidspolitische Strategien benötigen, die sich repressiv gegen HIV-Infizierte wenden sollen.

In diesem Zusammenhang hat uns die Mitteilung entsetzt, daß Insassen von DDR-Strafanstalten obligatorisch, und das heißt ohne Einwilligung, getestet werden. Gerade in diesen Tagen erfährt die Welt von der entwürdigenden Behandlung Strafgefangener in DDR-Gefängnissen. Es ist ein trauriger Zynismus, wenn die Zwangstestung der »Risikogruppe« Strafgefangene »im Interesse aller Insassen« als »human« deklariert wird[7]. Wie weit ist es dann bis zur Zwangstestung anderer »Risikogruppen« im (vermeintlich) humanen Interesse anderer?

Schwerwiegende Versäumnisse

Träger der Maßnahmen zur Anti-Aids-Strategie ist das Ministerium für Gesundheitswesen. Es wird durch die genannte Beratergruppe unterstützt. Als Folge der von der Beratergruppe mitzuverantwortenden Politik ist es zu schwerwiegenden Versäumnissen gekommen.

Es gibt keine öffentliche Rechenschaftslegung, inwieweit Maßnahmen aus dem Ministerratsbeschluß von 16.9.1987 realisiert wurden. Unbekannt ist, wer überhaupt für einzelne Festlegungen verantwortlich ist. Unklar ist, welche Mittel in welcher Höhe beispielsweise in die Bereiche Bevölkerungsaufklärung und Forschung geflossen sind und wer über ihre Verwendung entschieden hat.

- Bis heute ist es zu keiner Zusammenarbeit mit der Aids-Hilfe homosexueller Männer gekommen. Hier treffen sich seit 1987 regelmäßig Delegierte aus 17 kirchlichen und fünf anderen Arbeitskreisen aus der gesamten DDR. Angebote der Basisgruppe hat es mehrfach gegeben. Bisher wurden alle ignoriert. Wirksame Aufklärung und Information der Hauptbetroffenengruppe ist aber nur in Zusammenarbeit mit Homosexuellen realisierbar. Das zeigen Erfahrungen aus vielen Ländern, nicht zuletzt aus der BRD.
- Viel zu wenig ist getan worden für die Aufklärung und Information dieser von der Krankheit am meisten betroffenen Bevölkerungsgruppe. Konkrete Vorschläge zur Herausgabe von Info-Materialien für homosexuelle Männer wurden nicht realisiert. Mit der Öffnung der Grenzen wurden die Versäumnisse sclagartig offenbar. Es gab nichts, kein einziges Faltblatt, kein einziges Plakat, das sich speziell an schwule Männer wendet und darüber aufklärt, wie sie sich vor Aids schützen können. Hals über Kopf wurde Mitte November (!) von Mitarbeitern der Hautklinik der Charité ein Info zusammengeschustert, dessen moralisierende Feststellungen den Erkenntnissen und Erfahrungen gruppenspezifischer Aufklärung ins Gesicht schlagen.
- Die Ausbildung von Psychologen zur Beratung und Betreuung von mit dem Erreger infizierten bzw. an Aids erkrankten Menschen wurde jahrelang vernachlässigt. Bis heute gibt es keine Vereinbarung, schon gar keine Zusammenarbeit mit den Gesellschaften für Psychologie und Psychotherapie der DDR. Folge der fehlenden Kooperation ist u.a., daß weder vor noch nach dem Test üblicherweise eine psychosoziale Beratung stattfindet. Lediglich die Konsultationszentren in Berlin (Hautklinik der Charité) und Leipzig (Universitätsklinik) besitzen für eine Testberatung spezialisierte Mitarbeiter; HIV-positive Frauen und Männer werden regelmäßig von einem Nervenarzt darüber belehrt, wie sie sich in sexueller Hinsicht zu verhalten haben.
- In Universitätshautkliniken soll es vorkommen, bei Untersuchungen auf

sexuell übertragbare Krankheiten (Tripper, Syphilis) HIV-Tests ohne Wissen der Patienten gleich mitauszuführen. Bedenklich an einem solchen Vorgehen ist der Umstand, daß bislang keine Entscheidung bekannt ist, inwieweit eine solche Verfahrensweise medizinischen und juristischen Standards entspricht, also überhaupt zulässig ist. Das Vertrauensverhältnis zwischen Arzt und Patient wird auf diese Weise schwer belastet.

- Eine Arbeitsgruppe »Aids und Gesellschaft« bei der Akademie für Ärztliche Fortbildung – ihre Aufgabe sollte in der Untersuchung von Auswirkungen auf soziale Urteilsbildungen bestehen – stellte im Verlauf des Jahres 1989 ihre Arbeit sang- und klanglos ein.

Diese Versäumnisse sind das Ergebnis einer Aids-Politik, zu deren Selbstverständnis es gehört, daß »die Möglichkeiten des Zentralismus voll genutzt«[8] wurden.

Forderungen

Wir fordern eine strikte Neuorientierung der Aids-Politik, in der nicht auf autoritäre Strukturen und die kontrollierende Macht des Staates gesetzt wird. Abschreckende Maßnahmen haben weder bei Gesundheitserziehung noch bei Kampagnen, die Ausreisewelle einzudämmen, zum Erfolg geführt. Notwendig ist eine Anti-Aids-Strategie, die davon ausgeht, daß der einzelne sich aktiv und selbstbestimmt mit der neuen Viruserkrankung auseinandersetzen kann. Es ist die wichtigste Voraussetzung für notwendige Änderungen im Sexualverhalten.

Im einzelnen erachten wir es für notwendig,

- den Ministerratsbeschluß vom 16.9.1987 offenzulegen und Verantwortliche für dort festgelegte, aber nicht realisierte Maßnahmen zur Rechenschaft zu ziehen;
- eine vom Ministerium für Gesundheitswesen unabhängige Arbeitsgruppe zu bilden, deren Aufgabe die Neukonzipierung der nationalen Anti-Aids-Strategie der DDR sein sollte. Ihre Mitglieder sollten sich aus Vertretern der Medizinwissenschaften und der Hauptbetroffenengruppe zusammenzusetzen;
- ein Sofortprogramm für zielgruppenspezifische Präventionsmaßnahmen auszuarbeiten und für seine rasche Umsetzung zu sorgen;
- ein Projekt der individuellen Verhaltensmotivation (Muster: STOP-AIDS-

Projekt) als Pilotstudie für Berlin einzurichten. Es sollte als Gemeinschaftsprojekt der West-Berliner Aids-Hilfe und der Aids-Hilfe DDR vereinbart werden;

- die Produktion technischer Hilfsmittel (Kondome, Gleitgels) zu beschleunigen und für ihre benutzerfreundliche Präsentation (insbesodere besserer Zugriff, Reißfestigkeit, Entrollbarkeit von Kondomen) Sorge zu tragen;
- die neugegründete Selbsthilfeorganisation »Aids-Hilfe DDR« rasch materiell (Arbeitsräume, Telefon etc.) zu unterstützen und aus dem Staatshaushalt zu finanzieren;
- Rechtssicherheit bei Vorsorgeuntersuchungen (HIV-Test) und bei der Weitergabe medizinischer Daten (Serostatus) zu garantieren, Zuwiderhandlungen rechtskräftig zu ahnden.

Ob in der nächsten Zeit noch von einer epidemiologisch günstigen Situation gesprochen werden kann, wird davon abhängen, wie sich die Anti-Aids-Strategie der DDR auf die durch offene Grenzen neu geschaffene Situation einstellen kann, ob es gelingt, eine betroffenennahe Informations- und Aufklärungsarbeit zu leisten. Ihr wichtigstes Ziel sollte sein, zu einer offenen, ungezwungenen und differenzierten Auseinandersetzung mit der wichtigsten Präventionsbotschaft zu motivieren, nämlich: sich und seine PartnerInnen schützen zu müssen.

[1] Das vorliegende Memorandum wurde im Dezember '89 veröffentlich.

[2] SÖNNICHSEN in: *»Denk an deinen Nächsten. OMR Prof. Dr. Niels Sönnichsen beantwortete vor dem Welt-Aids-Tag am 1. Dezember Fragen der NBI zur Immunschwächekrankheit«*, Neue Berliner Illustrierte Nr. 49, 1989, S. 14/15, hier: S. 14.

[3] Berlin/DDR 1987.

[4] SÖNNICHSEN in: Neue Berliner Illustrierte, a.a.O., S. 15.

[5] SÖNNICHSEN in: *»ND-Exklusivinterview mit Prof. Dr. Niels Sönnichsen«*, Neues Deutschland (B) vom 17.11.1989.

[6] SÖNNICHSEN in: *»Aids – das gibt es doch. Niels Sönnichsen – Keine Angst vor dem Test«*, Wochenpost Nr. 48, 1989, S. 13.

[7] SÖNNICHSEN in: Neue Berliner Illustrierte, a.a.O., S. 15.

[8] SÖNNICHSEN in: *»Menetekel an der Mauer. Spiegel-Reporter Hans Halter über die Aids-Bekämpfung in der DDR«*, Der Spiegel Nr. 49, 1989, S. 258-262.

Dokumentation:

Das heiße Angebot in Leipzig

Programm 1/90 des Jugendklubs »RosaLinde«

von/für

- **Frauen, die Frauen**
- **Männer, die Männer**
- **Menschen, die Menschen mögen!**

8.1. Frauengruppe: K. Trondli (+ Begleitung) und Tanz
15.1. Bombay-Delhi-Karachi: Indien-Reise mit Günther Gromke

5.2. Das verbotene Kabarett:
Luise aus der Geschichte des »Lindenauer Brettl«
12.2. Frauengruppe: Theater und Tanz
19.2. Das Rockkabarett »Notentritt« aus Halle

2.3. »MB-Fete« mit Janis-Country-Disco, Beat-Club sowie diversen Überraschungen, in der Moritzbastei am Schillerpark
5.3. »Shepperpipe«, Alte und neue schottische Klänge
12.3. Frauengruppe: Frauen für Männer, Tanzshow
19.3. Rechtsprobleme von Lebensgemeinschaften: Prof. W. Seifert (KMU)

2.4. Ines Krautwurst: Ihre Lieder und Chansons
9.4. Frauengruppe: Bergfest/Trödelabend
16.4. »Tod im Fundament«, Buchlesung mit NPT Ottomar Lang
30.4. »Die Unrast der Gefühle«,
Maurice Ravel in Bild und Ton mit Jens Hinsche

7.5. »ich trinke dein plasma november«,
Die Gedichte des Thomas Böhme, mit ihm selbst
14.5. Frauengruppe: Kinderfest
21.5. Tratschabend

4.6. Pfingstfete im ganzen Haus
11.6. Frauengruppe: Wir für Euch
18.6. Englische Sitte und Traditionen: Colin Sherman berichtet

Wenn nicht anders angegeben, beginnen die Abende 20 Uhr im »Brettl« des Hauses der Volkskunst.
Veranstaltungstag ist im allgemeinen jeder Montag. Änderungen möglich!
Zu unserem Frauencafé mit Gespräch laden wir für folgende Tage ein:
29.1. · 21.2. · 21.3. · 18.4. · 23.5. · 20.6.

Dokumentation:

Jugendklub »Gerede«

Programm vom November '89 bis Juni '90

Thema: jeweils 20 Uhr in der »Scheune«, Alaunstraße 36/40, Dresden, 8060

17.11.	»Die Geschichte der weiblichen Empfindsamkeit« Lesbische Literatur von Sappho bis Djuna Barnes
15.12.	Das Thema Homosexualität – nicht nur eine Stunde im Biologieunterricht
26. 1.	»Was gibts heut bei der Polizei« Lesung aus Friedrich Kröhnkes Roman
23. 2.	Leonce & Lena – Theaterstück der Gruppe Traumtanz
12.-18.3.	Filme des italienischen Schriftstellers und Filmemachers Pier Paolo Pasolini (aktuelles Progamm ab Februar)
16. 3.	Pink Party – 3 Jahre »Gerede«
6. 4.	»Lieber präservativ als konservativ« Heiteres und Ernstes aus der Kulturgeschichte des Kondoms
4. 5.	Die Macht des Mannes Abend zum Thema Sprache und Herrschaft
15. 6.	Der blutige Mann. Collage zum Thema Gewalt in der Liebe.

Diskotheken:
jeweils 19 bis 24 Uhr im Jugendklubhaus »Rudi Arndt«,
Fechnerstraße 2a, Dresden, 8030:
24.1.90, 28.2.90, 14.3.90, 18.4.90, 23.5.90, 20.6.90
19 bis 24 Uhr im Klubhaus des Pentacon-Werkes,
Schandauer Straße 76, Dresden, 8021: am 22.6.90

Gesprächsabende:
jeweils 18 bis 22 Uhr im Jugendklub Mohnstraße 1, Dresden, 8023:
6.12.89, 4.1.90, 1.2.90, 1.3.90, 5.4.90, 3.5.90, 7.6.90

Wanderungen:
am 19.5.90 und 16.6.90.
Treffpunkt und Zeit werden gesondert bekanntgegeben.

Bibliothek:
Internationale wissenschaftliche und belletristische Literatur zur Thematik Homosexualität kann montags von 17 bis 19 Uhr bei Kai Werner, Hüblerplatz 3, Dresden, 8019 ausgeliehen werden. Für die Bibliothek suchen wir weiterhin Bücher.

Interessengruppen:
Literatur: Ort und Termine können bei Kai Werner,
Hüblerplatz 3, Dresden, 8019 erfragt werden.
Fotografie: Informationen bei Andreas Brühl,
Leipziger Straße 215, Dresden, 8030

Beratungstelefon:
jeden Dienstag von 18 bis 21 Uhr, Tel.-Nr. 5 49 36, speziell zu Fragen, die mit Homosexualität zusammenhängen. Es informiert über Veranstaltungen, Kontaktmöglichkeiten, vermittelt Aufklärung über allgemeine Fragen zur gleichgeschlechtlichen Liebe, gibt anonymen Rat. Und das Wichtigste: es kann zuhören.

Dokumentation:

Evangelische Advent-Kirchengemeinde Gesprächskreis Homosexualität

Programm 1990/1

9.1.	Dr. Hubert Thinius Gesicht zeigen – Für oder wider das Verstecken
23.1.	Eduard Stapel Keine Wende ohne uns! Warum brauchen Schwule eine Interessenvertretung?
13.2.	Hans-Georg Stümke stellt sein Buch »Homosexuelle in Deutschland« vor
27.2.	Dr. Günter Grau Die Reichzentrale zur Bekämpfung der Homosexualität Terrorinstrument faschistischer Bevölkerungspolitik
13.3.	Martin Pfarr Sinti und Roma – Die Geschichte einer Verfolgung
27.3.	»Mann-o-Meter« stellt sich vor
10.4.	Holger Siemann Randgruppen des Sozialismus
24.4.	Dr. Dieter Berner »Ach Phili, mein Phili..:!« Die Geschichte des Eulenburg-Skandals, dargestellt anhand zeitgenössischer Karikaturen. Ein Dia-Vortrag

8.5. Dr. Manfred Punge
1945-1990 – Der Weg der Evangelischen Kirchen in Deutschland

22.5. Peter Rausch
Die bisexuelle Natur des Menschen – Unkonventionelle Denkangebote

12.6. Gesprächskreis Homosexualität
Ziel und Aufgabe. Ein Gesprächsabend

26.6. Christina Wilkening
Homosexuelle im Strafvollzug

Änderungen möglich!

Wir treffen uns am 2. und 4. Dienstag im Monat

- im Gemeindesaal der Evangelischen Advent-Kirchengemeinde, Eingang Dimitroffstraße 201 (Zwischen Artur-Becker-Straße und Leninallee)
- ab 18.30 Uhr Gesprächsmöglichkeit bei Tee
- 19.30 Uhr Thema (etwa 1 1/2 Stunden)

Zum **Leitungskreis** gehören Peter Birmele und Dr. Manfred Punge. Sie stehen Euch, ebenso wie die Mitarbeiter des Vorbereitungskreises, als Ansprechpartner zur Verfügung.

Vorbereitungskreis jeden 1. Dienstag im Monat um 18.30 Uhr im Christenlehreraum. – Wer verantwortlich mitarbeiten will oder als Gast daran teilnehmen möchte, ist herzlich willkommen. Um Anmeldung beim Leitungskreis wird gebeten.

Programme für das 2. Halbjahr werden auf Wunsch zugesandt. Bitte einen frankierten und mit der eigenen Anschrift versehenen Briefumschlag an Peter Birmele, Hufelandstraße 43, Berlin, 1055, Telefon 4 39 94 14.

Autoren und Gesprächsteilnehmer

OLAF BRÜHL, geb. 15.5.57, seit 10 Jahren schwulenpolitisiert, Regieassistenz im Musiktheater; 1985 Artikelserie in der »Mecklenburgischen Kirchenzeitung« (erste positive eines Schwulen, »Normalität« kritisierende); 1986 bei *Schwule in der Kirche*; Vorträge, Theater, Texte und Video; Anregung von Gruppen; jetzt Meisterschüler bei Ruth Berghaus (programmatisch; u.a. etwas Emanzipatorisches!)

GÜNTER GRAU, Dr. phil., Sexualwissenschaftler und Publizist; Fachberater in der Ehe-, Familien- und Sexualberatungsstelle Berlin-Friedrichshain; Mitglied der Zentralen AIDS-Arbeitsgruppe schwuler Männer; Veröffentlichungen u.a. zu Aspekten sozialer Urteilsbildungen über homosexuelle Männer in Deutschland vom 19. Jh. bis 1945.

RAINER HERRN, Dr., Leiter der *Aids-Hilfe DDR* in Leipzig.

BERND HEIMBERGER, Berlin/DDR, Publizist, Literatur- und Kunstkritiker.

ULLI KLAUM, cand. päd., geb. 1960; seit 1978 Schwulengruppenarbeit in Gießen, Marburg, Göttingen und in überregionalen Arbeitsgruppen (*NARgS – Nationale Arbeitsgruppe Repression gegen Schwule*), Mitbegründer des *Freien Tagungshauses Waldschlößchen.*

KLAUS LAABS, Berlin/DDR, geb. 21.1.53; mit 12 Matthias: erste große Liebe; 1972-75 Studium der Diplomatie und keusches Leben in Moskau, gefeuert wegen Anstiftung zu einer linken Plattform; 1975/76 »Bewährung in der Produktion«; 1976/79 Unteroffizier auf Zeit, Peter: zweite große Liebe; 1979-84 Romanistik-Studium (Humboldt-Uni); August 1984 wegen »Verstoßes gegen Einheit und Reinheit der Partei« aus letzterer ausgeschlossen; arbeitet seit 1974 als Übersetzer und Herausgeber vor allem lateinamerikanischer Literatur, auch Schwules[1]; Januar 88 Sven: dritte große Liebe, drei Wochen im Knast wegen Hungerstreiks für politische Gefangene; am 15.12.1989 von der SED voll rehabilitiert.

JÜRGEN LEMKE arbeitet als Dozent für Marktarbeit an der Hochschule für Ökonomie in Berlin/DDR und ist Mitglied der interdisziplinären Arbeitsgruppe Homosexualität an der Humboldt-Uni. Veröffentlichte 1989 »Ganz normal anders«, ein Buch mit Porträts schwuler Männer in der DDR.

OLAF LESER, geb. 4.1.54; lebt in Weimar; Kaufmann; Rentner; seit 84 Schwulenbewegung; Gründungs- und Leitungsmitglied des *Erfurter Lesben- und Schwulen-Arbeitskreises (ELSA)*; seit zwei Jahren Arbeit im Zentralen AIDS-Arbeitskreis der DDR-Schwulengruppen.

RAINER MARBACH, Dr. phil., geb. 1944, Studienrat in Göttingen, schwulenpolitische Arbeit in verschiedenen Gruppen und Zusammenhängen seit 1972 (u.a. *NARgS – Nationale Arbeitsgemeinschaft Repression gegen Schwule* und Lehrertreffen), 1981 Gründung des *Freien Tagungshauses Waldschlößchen,* Erwachsenenbildungsarbeit und Vorstandsmitglied des *Vereins niedersächsischer Bildungsinitiativen,* Mitglied im Beirat des BVH und Landesvorstand der Niedersächsischen AIDS-Hilfe.

LUTZ MÖBIUS, Leipzig; 24 Jahre; Exportkaufmann beim Leipziger Messeamt; LDPD-Mitglied; seit 1988 bei *RosaLinde,* weiterhin im *Arbeitskreis Homosexualität* der ev. Studentengemeinde (ESG) Leipzig; Coming out mit 17/18 Jahren, dann von 83-86 3 Jahre NVA; danach »zweites Coming out« (ich nenne es so) und aktives Engagement zunächst beim ESG-Arbcitskreis, dann auch bei *RosaLinde;* zur Zeit bei beiden verantwortlich für Gastronomie (Bar) und bei *RosaLinde* noch für Werbung/Öffentlichkeitsarbeit.

JEAN JACQUES SOUKUP, Herausgeber der *Schriftenreihe des Waldschlößchens,* freier Autor in Westberlin; 1965 geboren, anti-autoritärer Kinderladen. Arbeitete als »freier« bei der Schwulenzeitung *Siegessäule*, im *Verlag rosa Winkel*, bei der *Rowohlt-Reihe »Mann«* mit; versteht sich als Chronist und Kritiker der Schwulenbewegung; initiiert und organisiert Tagungen, Selbsthilfegruppen und andere Veranstaltungen; ist freier Mitarbeiter des *Freien Tagungshauses Waldschlößchen*, macht als Dozent der Volkshochschule Tiergarten eine *schwule Krimihörspielwerkstatt* für *Eldoradio.*

THOMAS THIEL, Leipzig; 23 Jahre, Kellner, zuvor 2 Jahre Student an der Handelshochschule Leipzig. Studierte dort Ökonomie Binnenhandel, wollte aber etwas mit Gaststätten und Hotelwesen erlernen. Jedoch stellte ich bald fest, daß man viel Theorie erlernte, die nichts mit der Praxis zu tun hatte. Dieser Widerspruch führte dazu, daß ich das Studium erstmal unterbrochen habe und meinen Facharbeiter machen will. Mit dem Zuzug nach Leipzig bekannte ich mich offiziell zum Schwulsein und kam dadurch 1989 zu *RosaLinde*. Wirke dort in der Bargruppe mit.

BERT THINIUS, Dr. phil., geb. 1949; arbeitet zu Fragen der Individualität und individueller Vergesellschaftung, speziell zur Sozialisation Schwuler; ist Mitglied der *interdiszilinären Arbeitsgruppe »Homosexualität«* an der Humboldt-Universität Berlin, unterrichtet an den Sektionen Psychologe und Biologie in »Grundlagen der Philosophie«.

KAI WERNER, geb. 1962 in Riesa, arbeitet als Aufzugsrevisor im Dauerbackwarenkombinat Dresden, Mitglied des kirchlichen *Arbeitskreises Homosexualität* in Dresden und Mitbegründer des FDJ-Schwulenklubs *Gerede* in Dresden.

[1] KLAUS LAABS empfiehlt besonders »drei sehr schwule Geschichtchen« – von YVES NAVARRE, MERVÉ GUIBERT und EDOUARD NABE in *»Französische Erkundungen II«*, Volk und Welt Verlag 1990.

Weiterführende Literatur

Aktuelle Veranstaltungsprogramme der *DDR-Schwulengruppen* können in der Regel (nicht immer) gegen einen frankierten Rückumschlag (DDR-Briefmarken!) bei den Gruppen angefordert werden (Adressenliste in diesem Band, S. 169).

AMENDT, GÜNTER (Hg): *Natürlich anders. Zur Homosexualitätsdiskussion in der DDR*. Pahl-Rugenstein Köln 1989.

ARESIN, LYKKE, BACH, KURT und GÜNTHER, E.: *Psychosoziale Aspekte der Homosexualität,* mit Beiträgen von W. BRADTER, G. GRAU, S. SCHNABL, E. STAPEL, U. SILLGE, B. THINIUS, R. WARCZOK u.a., Jena 1986.

BACH, KURT*: *Wissenschaftliche Beiträge der Friedrich-Schiller-Universität. – Psychosoziale Aspekte der Homosexualität, II. Workshop,* hg. von H. SCHMIGALLA, Jena 1989.

*: *Homosexualität – Gesellschaft – Sexualerziehung,* in: Biologie in der Schule 12/1985, S. 486-492.

BACH, KURT und THINIUS, BERT: *Die strafrechtliche Gleichstellung hetero- und homosexuellen Verhaltens in der DDR*. In: Zeitschrift für Sexualforschung, 2.Jg, Heft 3, S. 237-242, Ferd. Enke Verlag, Stuttgart September 1989.

BRÜHL, OLAF: *Die Scham, daß einem das Hinsehen so leichtfällt,* Artikelfolge in: Mecklenburgische Kirchenzeitung, Ausgaben vom 21.4., 28.4., 5.5., 12.5. und 19.5. 1985.

DÖLLING, IRENE: *Naturwesen, Individuum, Persönlichkeit,* Berlin/DDR 1979.

GRAU, GÜNTER* (Hg): *Und diese Liebe auch. Theologische und sexualwissenschaftliche Einsichten zur Homosexualität.* Mit Beiträgen von LYKKE ARESIN, CHRISTOF BÄUMLER, HEINRICH FINK, GÜNTER GRAU, MANFRED HAUSTEIN, MANFRED JOSUTTIS, MANFRED PUNGE, SIEGFRIED SCHNABL und HANS-GEORG WIEDEMANN. Evangelische Verlagsanstalt, Berlin (DDR) 1989.

*: *Berichte von Augenzeugen: Die Situation der Homosexuellen im Konzentrationslager Buchenwald.* In: Zeitschrift für Sexualforschung, 2.Jg, Heft 3, S. 243-253, Ferd. Enke Verlag, Stuttgart September 1989.

*: *Entscheidung des Obersten Gerichts der DDR zur Homosexualität,* in: Zeitschrift für Sexualforschung, Heft 1, Stuttgart Januar 1989, S. 162-165.

*: *Über die gesellschaftliche Integration homosexueller Männer und Frauen,* in: Mitteilungen der Magnus-Hirschfeld-Gesellschaft 12/1988, S. 35-43.

GÜNTHER, E.: *Homosexuell,* in: Deine Gesundheit 11/1985, S. 340f.

GÜNTHER, E. u.a.: *Zum Coming out männlicher Jugendlicher,* in: Ärztliche Jugendkunde, Bd. 79, H. 4, 1988, S. 207-214.

HAFRANKE, URSULA: mehrere Aufsätze zur männlichen Homosexualität in: *Magazin,* Heft 1 und 2/1989, Fortsetzung folgt in Heft 5.

HEIMBERGER, BERND: *Deutsch-deutsche Zukunftsträume* (ein Bericht vom DDR-Schwulentreffen im Waldschlößchen) in: Magnus, Heft 1/1990, S.24.

KOWALSKI, GUDRUN VON: *Homosexualität in der DDR: Ein historischer*

Abriß. Verlag Arbeiterbewegung und Gesellschaftswissenschaften, Marburg 1987.

LEMKE, JÜRGEN: *Ganz normal anders. Auskünfte schwuler Männer,* Aufbau-Verlag, Berlin/DDR 1989; in der BRD bei Luchterhand, Neuwied und Darmstadt 1989.

MAROHN, NORBERT: *Und plötzlich mein Leben* (Roman), Mitteldeutscher Verlag, Halle 1989.

MEYER, DIRK: *Schwule in der DDR. Seminar im Waldschlößchen,* in: BVH-Magazin Nr. 5, 3. Jg, Dezember 1989, S. 9.

SCHÖNEBECK, MANFRED: *DT 64-Streitlexikon »Mensch, Du!«,* Begleitmaterial zu Ratgebersendungen von Jugendradio DT 64, Heft 3, Berlin/DDR 1989.

SILLGE, URSULA: *Für die Freiheit der Liebe,* Hörspiel zum 120. Geburtstag von MAGNUS HIRSCHFELD am 13.5.1988, Manuskript über: Radio DDR II/ Schulfunk, Nalepastr. 10-50, Berlin 1160

STARKE, K. und FRIEDRICH, W.: *Liebe und Sexualität bis 30,* Berlin 21986

THINIUS, BERT u.a.: *Ungestraft anders,* Serie in: Magazin, Jahrgang 1989

THINIUS, BERT*: *LEBEN als Maske? Brief an einen unsichtbaren Schwulen,* in: Das Magazin, Heft 12, Berlin/DDR Dezember 1989, S. 57-60

*: *Mein Bruder ist »anders«,* in: Für Dich, Heft 31, 1987, S. 46

WERNER, REINER: *Homosexualität. Herausforderung an Wissen und Toleranz,* Berlin/DDR 1987

Forschungsgruppe »Aids und Gesellschaft«: Referentenmaterial, URANIA-Verlag, Berlin(DDR) 1989

Adressen schwuler und lesbischer Gruppen/Klubs in der DDR

ASCHERSLEBEN

AK Homosexualität Aschersleben, Kreisstelle für Diakonie, Stephaniekirchhof 9, Aschersleben 4320
1. und 3. Sa, 14-18 h

- Hilmar Kreisel, PSF 111, Straßfurt 3250, Tel.: 2729
- Hans-Peter Schulze (Fürsorger beim Caritas-Verband, Angestellter für Homosexuellenarbeit und Beauftragter der AIDS-Gruppe für den AK Aschersleben), Altstädter Kirchhof 10, Bernburg 4350, Tel.: 3726

BERLIN

AK Homosexuelle Selbsthilfe – Lesben in der Kirche
Gethsemanegemeinde, Gethsemanestr. 9, Bln 1058
(Prenzl. Berg, S- und U-Bhf. Schönhauser Allee)
2. und 4. Do, ab 19 h

- Petra Wunderlich, Schönholzer Str. 3/0301, Bln 1040 (für Berlin)
- Marinka Körzendörfer, Schönhauser Allee 104, Bln 1071 (für DDR)

anonyme Telefonberatung: Di-Do 18-23 h, Tel.: 5888990

AK Homosexuelle Selbsthilfe – Schwule in der Kirche
Bekenntnisgemeinde, Plesserstr. 3/4, Bln-Treptow 1193
(S-Bhf Treptower Park)
14tg So, ab 18.30h Tee und Kennenlernen, Beginn 19.30h

- Christian Pulz, PF 33, Bln 1030 (Hauskreis Mo 19h)

»Binokel«
schwul-lesbisches Café
in den Räumen der ESG, Invalidenstr. 4, Bln 1040
Mi 19.30-24h

Arbeitsgruppe »Courage«
mit AIDS-Gesprächskreis
PSF 121, Bln 1058

Gesprächskreis Homosexualität in der Ev. Advent-Kirchengemeinde
Advent-Kirchengemeindesaal, Dimitroffstr. 201-203, Bln 1055
(Prenzl. Berg), Tel.: 4362130
2. und 4. Di, 18h Tee, 18.45h Beginn
Vorbereitungskreis: 1. Di
• Dr. Peter Birmele üb. Advent-Kirchengemeinde

Interessenverband für Transvestiten und Transsexuelle
• Til Schallenberg, Chausseestr. 117, Bln 1040, Tel.: 2821563

Magnus-Hirschfeld-Arbeitskreis
Club der Kulturschaffenden, Otto-Nuschke-Str. 2-3
1. Sa 14h im Club
• Kulturbund der DDR, Kreisleitung Berlin-Mitte,
Kronenstr. 3, Bln 1080, Tel.: 2298046

Schwule Männergruppe
im Gemeindehaus der Eliasgemeinde,
Göhrener Str. 11, Bln 1058 (Prenzl. Berg, U-Bhf Dimitroffstr.)
1. und 3. Do 19h

Sonntags – Club
PSF 229, Bln 1030
Infotreff Do 17-19h, Choriner Str. 9, Parterre li, Bln 1040
• Gesprächskreise: Bisexualität, Eltern
• Interessengruppen: Geschichte, Literatur, Film, Foto, Wandern,
Motoristik

• »Lila Archiv« und Bibliothek
• in Vorbereitung: Chor, Kabarett/Theater, Sport
• Uschi Sillge, Tel.: 2812951

studentischer Arbeitskreis Homosexualität
in der Evangelischen Studentengemeinde (ESG) Berlin,
Invalidenstr. 4, Bln 1040 (Mitte)

BERNBURG

Fürsorger im Caritas-Verband für das Dekanat Bernburg
Einzelberatung 2. und 4. Mo 15-19h in der Stadtmission Magdeburg
für Homosexuelle und deren Angehörige
• Caritas-Verband, Hans-Peter Schulze,
Altstädter Kirchhof 10, Bernburg 4350

BRANDENBURG

AK Homosexuelle Selbsthilfe der Ev. Kirche
Gemeindehaus, Domlinden 23, Brandenburg 1800
14tg Di, ab 19h
• Bernd Reimschüssel, Potsdamer Str. 29b, Brandenburg 1800
• Pia Schlesinger, F.-Ziegler-Str. 9b, Brandenburg 1800
• Kuno Pagel, Tel.: 522062

COTTBUS

Gesprächskreis für Homosexuelle Cottbus
im Gemeindehaus Zinzendorf, Schmellwitz, Walther-Rathenau-Str. 16-18,
Cottbus 7500 (Linie 1 ab Hbf bis Haltestelle »Am Nordrand«)
14tg Sa 19h
• Rene Wünsche, PF 16 I, Cottbus 7500
• Sabine Lentus, Sudermannstr. PSF 30/09, Cottbus 7500

DRESDEN

Kirchlicher AK Homosexualität

Kellerräume der ESG, Lukasplatz 4, Dresden 8027 (nahe Hbf)
14tg Fr, 18h Gesprächsrunde, 20h Beginn
• Kai Werner, Hüblerplatz 3, Dresden 8019
• Karin Dauenheimer, PSF 4, Dresden 8021

Klub »Gerede«

in der »Scheune« (Jugendklubhaus »M. A. Nexö«),
Alaunstr. 36-40, Dresden-Neustadt 8060
Post an: »Gerede«, Hüblerplatz 3, Dresden 8019
• Kai Werner, Hüblerplatz 3, Dresden 8019
• Samirah Kenani, Alaunstr. 56, Dresden 8060

ERFURT

ELSA – Erfurter Lesben- und Schwulenarbeitskreis

bei der Stadtmission (Kleiner Saal) , Allerheiligenstr.9/10, Erfurt
(Straßenbahn vom Hbf bis Haltestelle Fischmarkt)
Mo abwechselnd: – 19h Abendbrot, 19.45h Beginn
• Frauengruppe
• Olaf Leser, Richard-Müller-Str. 24, Weimar 5300
• Reiner Albrecht, Tel.: Weimar 426496
• (Frauengruppe) Cristiane Kloweit, Rittergasse 6, Weimar 5300

HAE (Homosexuelle Aktion Erfurt) »Johann Joachim Winckelmann«

Interessengemeinschaft (IG) am Jugendklub *»Kleiner Herrenberg«*, Scharnhorststr., Erfurt 5080
2. Mi thematischer Abend
4. Fr Disko

FRANKFURT / ODER

• Post an: Bettina Klausnitzer, Leninallee 59. Frankfurt/Oder 1200

GERA

Gesprächskreis der Ehe-, Sexual- und Familienberatung
Ehe- und Sexualberatungsstelle, Sachsenplatz 10, Gera 6500, Tel.: 28327
2. und 4. Mi 17h
• Post an: Frau Dr. Liesegang, Ehe-, Sexual- und Familienberatung, Gera 6502

Treff »H« im Klub der Jugend und Sportler »Jan Engel«
Clara-Zetkin-Str. 1, Gera 6500, Tel.: 22218
2. Fr Disko

HALLE / SAALE

AK Homosexualität bei der Ev. Stadtmission
Weidenplan 3-5, Halle/Saale 4020, Tel.: 21036
(Linie 7 vom Hbf in Richtung Kröllwitz bis Universitätsring)
14tg Fr (im Wechsel mit Leipzig), ab 18.15 gemütlicher Tisch, Beginn 19h
• K.-Dieter Dehnert, Str. der Freundschaft 20, Halle 4070
• Monika Heinrich, Reilstr. 99, Halle 4050, Tel.: 34145

Lesben-AK in der ESG Halle
Puschkinstr. 27, Halle 4020
14tg Fr 19.30h
• Birgit Neumann üb. ESG

staatlicher Klub (geplant)
• Steffen Bauer, Hardenbergstr. 2, Halle 4020
• Ramona Theuring, Alter Markt 5, Halle 4020

• Post an: **Verband der Freidenker,** Stadtausschuß Halle
Große Ulrichstr. 36, Halle 4020

JENA

AK »Homosexuelle Liebe« in der ESG
Ebertstr. 7, Jena 6900
14tg Do, 19h Imbiß, Beginn 20h
• Pfarrer Gotthardt Lemke, Ebertstr. 7, Jena 6900, Tel.: 22246
• Bärbel Klässner, Jahn-Str. 18, Jena 6900
• Alexander Niehardt, Griesbachstr. 7 – 1/82, Jena 6900

KARL-MARX-STADT

AK »Jonathan« der ev.-luth. Landeskirche Sachsen
Dietrich-Bonhoeffer-Zentrum, Markersdorfer Str. 79, KMS 9010
(vom Hbf Linie 5 bis Robert-Siebert-Str., 3. Haltestelle im Neubaugebiet, dann noch 5 min zu Fuß)
14tg Fr, ab 18h Gespräch, Beginn 19.30h
• Christoph Wohlgemuth, Wolfsgrunder Weg 2, Voigtsdorf/Erz 9201

Lesbisch-schwuler AK der ESG
Josephinenplatz 8, KMS 9002 (Bus 23, 32, 44, 55 bis W-Külz-Platz)
14tg Fr 19.30h
Fr dazwischen Freitagsklub mit Diskothek
• Volkmar Wohlgemuth, Brühl 60, KMS 9002
• Kathrin Wohlgemuth, Kanalstr. 33, KMS 9003
• Kerstin Pannier, Bernsdorfer Hang 27, KMS 9022

LEIPZIG

AK Homosexualität der ESG
Alfred-Kästner-Str. 11, Leipzig 7030, Tel.: 312966
(vom Hbf Straßenbahn 10,11,28 Richtung Markleeberg bis Arndtstr.)
14tg Fr mit Thema, 18h Tee, 19.30h Beginn
Fr dazwischen Begegnungsabend »BarbaRosa« 19.30h
• Dr.Hync Richter, Simildenstr. 18, Leipzig 7030
• Frank Prüfer, Tel.: 326223 (abends und Wochenende)
14tg Mi vor »BarbaRosa« Frauengruppe, 18.30h Tee, Beginn 19.30h
• Ulrike Thomas, PSF 1438, Leipzig 7013

Klub »RosaLinde« im Haus der Volkskunst
Wilhelm-Liebknecht-Platz 21, Leipzig 7033
(vom Hbf Straßenbahn 15,17,27 Richtung Sportforum
bis Wilhelm-Liebknecht-Platz)
meist 1. Mo 20h
weitere Veranstaltungen im JKH »Völkerfreundschaft«
und in der Moritzbastei

MAGDEBURG

AK Homosexualität der ev. Stadtmission
Leibnizstr. 48, Magdeburg 3010, Tel.: 32002
14tg Mo 19h
• Martin Pfarr, Wilhelm-Pieck-Str. 9, Köthen 4370
• (Frauengruppe) Christiane Zachen, Alt-Prester 70,
Magdeburg 3021, Tel.: 33374

Klub »A-3« (Anders Als Andere) am Stadtkabinett für Kulturarbeit
Klewitzstr. 16, Magdeburg 3014
(vom Hbf Straßenbahn 3, oder vom Centrum-Warenhaus Linie 9
bis Kristallpalast; dann 5 min zu Fuß)
Fr 18h
• Ines Teßmer, Gr. Diesdorfer Str. 13, Magdeburg 3060
Roland Beyer, Straße der Völkerfreundschaft 89, Magdeburg 3038

Homosexuellen-Arbeitskreis der ev. Stadtmission (Eduard Stapel)
• Leibnizstr. 48, Magdeburg 3010, Tel.: 32002
• K.-Liebknecht-Str. 91, PF 1322, Wiederritzsch 7145

PLAUEN

AK Homosexualität bei der Inneren Mission
Friedensstr. 24, Plauen 9900
(ab oberem Bhf 5 min zu Fuß Richtung Friedensbrücke)
1. Fr 18h
• Lutz Seidel, Am Birkenhübel 16, Plauen 9900

• Udo Brückner, Dr.-Friedrichs-Str. 72, Schöneck 9655
• Pfr. Lothar Baierl (Leiter der Inneren Mission), Tel.: 22262

POTSDAM

»HIP« (Homosexuelle in Potsdam)
im Kulturhaus »Herbert Ritter«, K.-Liebknecht-Str. 135,
Potsdam-Babelsberg 1590
2. und 4. Do 19.00h
• »HIP«, PSF 130, Potsdam-Babelsberg 1590
• tel. Infos über 77913
• Michaela Bosewitz, Templiner Str. 2, Potsdam 1560
• Michael Filip, K.-Liebknecht-Str.9, Potsdam 1590

ROSTOCK

AK Homosexualität in der ESG
Bei der Petrikirche 9, Rostock 2500 (beim Alten Markt)
14tg 1. und 3. Fr 19h
• Detlef Kuzia, Borwinstr. 26, Rostock 2500
• Klaus Hänsel, Bräsigweg 8, Rostock 2510

alle 2 Monate Disko im **Jugendklub »Bruno Kühn«**
Kusnezow-Ring 27 A, Rostock-Schmal 2500
• Karten über: Tel.: 717305 (nachm. bis abends)
oder Steffen Wundt (im Klub)

SCHWERIN

Lesben und Schwule am Jugendklub »Elan«
• Post an: Uwe Schierig, Adolf-Willbrandt-Str. 10, Schwerin 2752

WEIMAR

Klub »Felix Halle«
im Jugendklub »Nordlicht«, Richard-Müller-Str. 20a, Weimar 5300

(Neubaugebiet Weimar-Nord, Endhaltestelle Bus 7, dann 5 min zu Fuß)
3. Do 19h
- Klub »*Felix Halle*«, PSF 107, Weimar 5300, Tel.: 67354
- Michael Vogel, Erfurter Str. 35 / PF 12, Jena 6900, Tel.: 8222015
- Frank-Michael Sieg, E.-Toller-Str. 3, Erfurt 5025

ZITTAU

Klub beim »Verband der Freidenker«
Verband der Freidenker, AG Homosexualität, PSF 100, Zittau 8800
- Jörg Wienbergen, Sachsenstr. 47, Zittau 8800

ZWICKAU

AK Homosexualität bei der Inneren Mission – Stadtmission
Römerstr. 11, Zwickau 9502
(bzw. Lutherkeller in der Lutherkirche, Spiegelstr., beim Hbf)
14tg Sa 18h
- Volker Kreher, Wiesenweg 1, Buchwald 9801
- Diakon Albrecht (Leiter der Inneren Mission), Tel.: 3785

Stand: Januar 1990

Hubertus Knabe (Hg.)

Reformer und Oppositionelle zur Zukunft ihres Landes

Aufbruch in eine andere DDR

rororo AKTUELL